Bevor sich der Puppenkoffer öffnet

und eine vielseitige PuppentheaterKultur aufgeblättert wird, begrüßen wir Sie als Museumsbesucherin, Museumsbesucher, als Leserin oder Leser herzlich. Willkommen im PuK, einem Museumsort, der so lebendig sein soll wie das Puppentheater selbst.

Das Begleitbuch bietet Gästen zur ersten Orientierung einen räumlichen Grundriss des Museums. Dann entfaltet die Publikation Wissenswertes zu Bad Kreuznachs Puppentheatervergangenheit, bringt Fakten zur Puppentheatergeschichte in Rheinland-Pfalz sowie in Deutschland und lädt schließlich zu einer Rundreise durch die Welt des Puppentheaters ein. Als Zusammenfassung finden Sie am Schluss einen kurzen Museumsrundgang in drei Sprachen.

Darüber hinaus ist der Katalog ein Leitfaden zu den Themen und Darstellungsformen, die in der Dauerausstellung präsentiert sind. Erinnerungen an die Hauptdarsteller aus Holz und Stoff bilden den umfangreichen Fototeil der Publikation. Darunter befinden sich die heimlichen, wirklichen und zu entdeckenden »Stars« der Sammlungen des Hauses. Diese Hommage an die figurenbildenden und gestaltenden Kreativen des 19. bis 21. Jahrhunderts soll die Betrachter erfreuen.

Als Fingerzeig auf die spielerische Seite des Museums für PuppentheaterKultur ist zu jedem Kapitel ein aufforderndes »Bitte mitspielen!« eingebunden. Das Spiel beginnt, sobald ein Mensch den Gegenstand oder das gestaltete Objekt belebt. Mit einer Geschichte geht das Theater los.

Wenn sich der Puppenkoffer öffnet, kann sein Deckel zum Mundwerk eines polyglotten Plauderers werden. Aber Vorsicht! Ein geheimnisvolllangsam aufklappender Kofferdeckel spielt sich ebenso überzeugend zum Rachen eines Untiers auf … Phantastisches Puppenspiel – fantasievolles Figurentheater.

Zeichnungen: Jürgen Maaßen

Herausgegeben von der Stadt Bad Kreuznach

STADT
BAD KREUZNACH

im Verlag Puppen & Masken, Frankfurt am Main

ISBN: 978-3-9350-11-84-6

Das Museum für PuppentheaterKultur präsentiert die »Landessammlung Rother« und die Sammlung des PuK

Drucklegung mit freundlicher Unterstützung von

Sparkasse
Rhein-Nahe

Förderverein
Museum für
PuppenTheaterKultur

Markus Dorner

DIE WELT DES PUPPENTHEATERS IM MUSEUM

Ein Begleitbuch

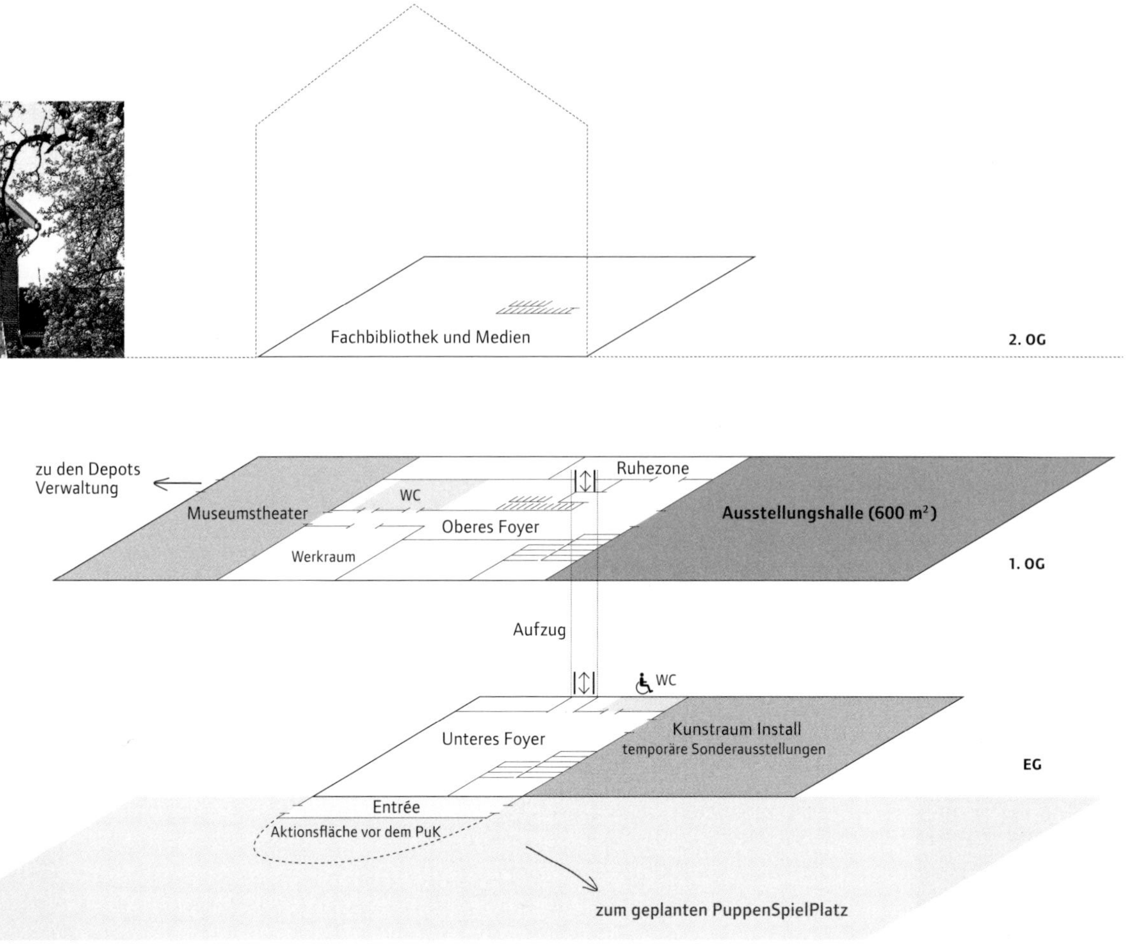
Fachbibliothek und Medien
2. OG
zu den Depots
Verwaltung
Ruhezone
WC
Museumstheater
Oberes Foyer
Ausstellungshalle (600 m²)
Werkraum
1. OG
Aufzug
WC
Unteres Foyer
Kunstraum Install
temporäre Sonderausstellungen
EG
Entrée
Aktionsfläche vor dem PuK
zum geplanten PuppenSpielPlatz

Wo ist was im PuK?

INHALTSVERZEICHNIS

Bad Kreuznach

ENDSTATION
BAD KREUZNACH

ENDSTATION BAD KREUZNACH

Das alte Kreuznach an der Nahe war ein Gastspielort wie jeder andere. Die Puppenspieler »klopften« bei den Beamten der Stadtverwaltung an und ersuchten ergebenst um eine Spielerlaubnis. Dann kamen die großen Komödiantenfamilien an mit ihren kleinen Komödianten, den Puppen, packten ihr Spielgepäck aus und stellten auf der Festwiese[1] oder im Gasthaussaal ihre transportable Bühne aus Brettern, Stangen und bemalten Stoffen auf. So war für kurze Zeit buntes Theater mit hölzernen Figuren in der Stadt, und der Prinzipal annoncierte seine Unternehmung der »hochverehrten Bürgerschaft von Kreuznach«[2]. Schon bald aber wurde wieder eingepackt, und die Puppen zogen weiter. Der ein oder andere Bürger wird die lustigen Kapriolen dieses Volksvergnügens eine Zeitlang in Erinnerung behalten haben; die Zeitungsannoncen wanderten im Stadtarchiv zu den Akten.

So geschehen zum Beispiel im Jahr 1886, als das »Original-Kölner-Hänneschen-Theater« eines gewissen Wilhelm Josef Millowitsch (1854 – 1909) mehrere Gastspiele in Kreuznachs Gasthaus Adler gab. Dann zog er mit seinen Puppendarstellern weiter: dem lustigen Hänneschen, dem liebsten Bärbelchen und dem schrulligen Gespann Tünnes und Schäl. Heute weiß die Theatergeschichte, dass die Familie Millowitsch in Köln sesshaft wurde, als Volkstheater arrivierte und eine bis heute berühmte Schauspieldynastie darstellt.[3]

In Kreuznach und der späteren Badestadt wiederholten sich die Gastspiele in unregelmäßigen Abständen: Puppenspieler kamen und fuhren wieder ab, packten ihre Puppenkoffer aus und wieder ein, klebten Plakate an örtliche Anschlagtafeln – und Wind und Wetter ließen sie vergilben. Das Kreuznacher Tagblatt berichtete zurückhaltend euphorisch über die Puppendarstellungen; wichtigere lokale Ereignisse überstrahlten diese kulturellen Randnotizen.

GASTSPIELORTE IM ALTEN KREUZNACH
von links nach rechts: Jahrmarkt auf der Pfingstwiese, Gasthofsaal im Hotel »Alter Adler« und großer Kurhaussaal

Grösstes Figuren-Theater Deutschlands,
vulgo:
Original-Kölner Hänneschen-Theater
im „Hotel Adler" in Kreuznach.
Dienstag, den 2. März 1886
Der Bettelstudent.
Parodistische Operette mit brillanter Ausstattung in 3 Akten.
Anfang 8 Uhr. Kassenöffnung 7 Uhr.
Es laden höflichst ein
Wilh. Millowitsch, Director } aus Köln.
C. Darmstadt, Regisseur
Näheres durch die Tageszettel.
Mittwoch, den 3. März 1886
Zwei letzte Vorstellungen.
Anfang 5 Uhr:
Extragroße Kinder- & Familien-Vorstellung
Die Reise nach Palästina. Rittercomödie.
Anfang 8 Uhr:
Genovefa

VOM RHEIN AN DIE NAHE: DAS HÄNNESCHEN
links: Werbung für das Hänneschen in der Kreuznacher Lokalpresse[2]
rechts: Hänneschen-Figur aus den 50er Jahren des 20. Jahrhunderts

Fast alle waren sie da: Von den stilvollen Künstlermarionetten Puhonnýs bis hin zur ersten Garde der Handpuppenspieler, den damals schon berühmten Hohnsteiner Puppenspielern. Während sich bei den Marionetten nur ein kleines erlesenes Publikum im noblen Kursaal einfand, war dasselbe Spiellokal beim Hohnsteiner Kasper ausverkauft. Vermutlich wollte sich keiner entgehen lassen, die Kinohelden aus den Hohnsteiner Kasperfilmen, die in Schwarzweiß-Streifen wiederholt über die Leinwand der örtlichen »Kammer-Lichtspiele« der Familie Sawatzki flimmerten, nun einmal hautnah und in Farbe auf der Bühne erleben zu können.[4]

Während in Bad Kreuznach die zweite Hohnsteiner Bühne unter der Leitung von Hans Wickert engagiert war, gastierte die Spieltruppe des Gründers der Hohnsteiner, Max Jacob, parallel für mehrere Tage in den benachbarten Großstädten Mainz und Frankfurt. In Bad Kreuznach kam es zu einem biografisch verbürgten Treffen aller Hohnsteiner aus beiden Truppen.[5]

PROGRAMMHEFT DES KÜNSTLER-MARIONETTEN-THEATERS
von Ivo Puhonný / ca. 1920

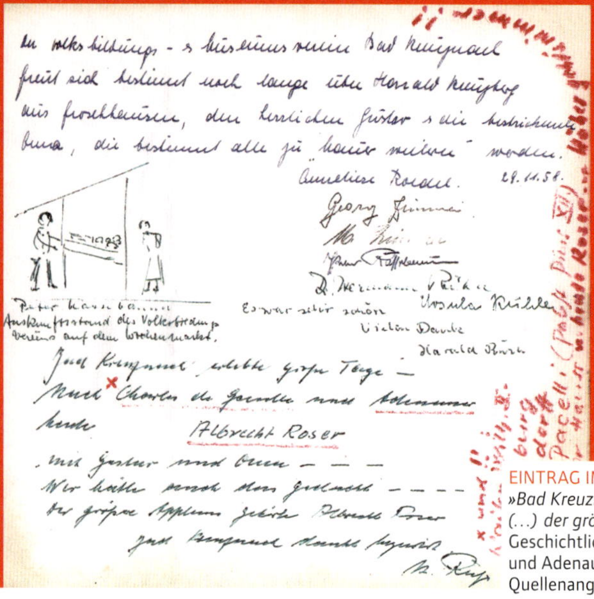

EINTRAG IM GÄSTEBUCH DES BAD KREUZNACHER VOLKSBILDUNGS- UND MUSEUMSVEREINS
»Bad Kreuznach erlebte große Tage – nach Charles de Gaulle und Adenauer heute Albrecht Roser mit Gustav und Oma (...) der größere Applaus gehörte Albrecht Roser. Bad Kreuznach dankt begeistert. Horst Reiß« (1. Vereinsvorsitzender)
Geschichtlicher Hintergrund: Kurz vor Rosers Gastspiel gab es das historische Treffen der beiden Staatsmänner de Gaulle und Adenauer im Kurhotel Bad Kreuznach.
Quellenangabe: Stadtarchiv Bad Kreuznach / Gästebuch Volksbildungs- und Museumsverein / 1958 (STAKH – NL Reiß)

Frischen Wind und eine neue formale Sichtweise brachten nach dem Zweiten Weltkrieg die Aufsehen erregenden Gastspiele eines jungen Künstlers aus dem Schwabenland auf Einladung des Kreuznacher Volksbildungsvereins. Kein Geringerer als Albrecht Roser stand am Anfang seiner Karriere und zeigte, damals assistiert von Ina von Vacano, den am Klavier ansteckenden Charme versprühenden Clown Gustaf und die beliebte, aber bisweilen wegen aktueller Bonmots gefürchtete Oma aus Stuttgart. Die Zuschauer erzählten sicher weiter, was diese strickende Großmutter typisch »Kreuznacherisches« zu berichten wusste, jeder und jede waren vom ganzen Ensemble hin und weg.

Die Damen und Herren des Kulturausschusses der Stadt Bad Kreuznach besuchten 1975 eine Wanderausstellung des Verbandes »Deutsche Puppentheater« in der örtlichen Stadtbücherei und wurden von Franz-Heinz Wolf, einem der Repräsentanten dieses Berufsverbandes, sachkundig in die Vielfalt der ausgestellten Puppentechniken eingeführt. Die Presse hielt Politiker, Figuren und Puppenspieler im Bilde fest – die Ausstellung wanderte anschließend weiter.[6] Diese mobile Ausstellung war begleitet von mehreren Aktionen des »Allrounders« und Puppenspielers Wolf. Seine »Rüsselsheimer Puppenspiele« brachten mit ihm als Solisten mehrere altbekannte Märchen zur Aufführung, bei denen er das Publikum im Saal allerdings mit seiner aktuellen interaktiven Dramaturgie und offenen Spielweise überraschte. Für die Kreuznacher war das neu.

Nicht nur für Kinder faszinierend, in deren Welt man spontan das Interesse für Puppen anzusiedeln gen... sei, urteilte Kulturdezernent Schindowski bei der Eröffnung der Ausstellung in der Stadtbücherei. Dort zeigt der Verein „Deutsche Puppentheater" eine Reihe von handwerklich und künstlerisch wertvollen Figuren. Figuren, die die Breite des Spiels auf den Kleinstbühnen demonstrieren und Interesse daran erwecken können. Die Figuren sind für Stücke gefertigt, die vom Verkehrserziehungstheater über das Kasperstück und Märchen bis hin zu klassischem (Shakespeare) und modernem Bühnentheater (Waldmann) reichen. – Schindowski, der bei der Eröffnung vor einem Kreis erwachsener Besucher sprach, wies auf „die gesellschaftliche Funktion" der Puppe hin. Durch sie habe man in Zeiten, in denen man nicht gewagt habe, seine Gedanken laut zu äußern, gesprochen. – Die Puppe sei Persona geworden. Darin sei auch ein therapeutischer Wert zu sehen: für Spieler hinter der Bühne wie Zuschauer (und Mitspieler) vor der Bühne. Auf unserem Foto: Mitglieder des Kulturausschusses vor einer Ausstellungswand.
Bild: Hewel

AUFKLÄRUNGSAKTION ZUM BERUFSPUPPENSPIEL
Pressebericht der AZ Bad Kreuznach / 1975

Etwa zeitgleich, aber an einem anderen Ort, bemühte sich der Westfale Karl-Heinz Rother (1928 – 2010) nach seinen Möglichkeiten, dem Puppentheater zu größerer permanenter Aufmerksamkeit zu verhelfen. Das Mittel zum Zweck sollte eine private Theatersammlung sein, ausgehend von Figuren mit hoher gestalterischer Qualität aus Meisterhand, die die Betrachter bei Ausstellungen in Bann ziehen sollten. Ein erster wichtiger Schritt auf diesem Weg war 1976 das vom Hamburg-Hohnsteiner Puppenspielermeister Friedrich Arndt eingefädelte Zusammentreffen von Karl-Heinz Rother und dem Schnitzer Till de Kock. Ort dieser Begegnung, inklusive einer ersten Einweisung Rothers in die Arbeitsmethode de Kocks, war jene Werkstatt des Künstlers im Harz, die Jahre später in Bad Kreuznach zu einem sehenswerten und atmosphärisch-wirkungsvollen Ausstellungsobjekt im Museum werden sollte. In der Rückschau ist dieses Treffen als Katalysator der fortan enormen Sammlertätigkeit Karl-Heinz Rothers zu werten.

Durch rege Kontakte zu allen namhaften westdeutschen Figurengestaltern und Puppenspielgrößen nahm die Sammlung professionelle Züge an. In der eigenen Sicht des Sammlers »wurde Till de Kock nicht nur Lehrmeister in Sachen Figurenschnitzen, er wurde auch für meine Sammlung die wichtigste Bezugsperson«.[7]

SAMMLEREHEPAAR TRIFFT FIGURENGESTALTER
Karl-Heinz und Greta Rother, Hilde und Till de Kock bei einer Ausstellungseröffnung / 1985

SKIZZEN UND PLAN ZUR GESTALTUNG DER DAUERAUSSTELLUNG
Ausstellungsarchitekt: Peter Kneip / Inhaltliche Konzeption und Ausstellungsdramaturgie: Markus Dorner / Recherche: Sunhild Eigemann, Dr. Henriette Holz / Anfertigung der spielerischen Elemente: Jürgen und Antje Hohmuth / Figureninstallationen: Thomas Bartsch, Torsten Frey, Jürgen Maaßen und Ingo Woitke / Grafische Gestaltung: Annette Schneider

Aus der Privatsache »Puppenspielsammlung Rother« wurde durch das Interesse und den Kauf des Landes Rheinland-Pfalz zur Jahrtausendwende eine Angelegenheit von öffentlichem Interesse: Die »Landessammlung Rother« breitete vor einer staunenden Öffentlichkeit erstmalig im Jahr 2000 ihre Schätze im Koblenzer Landesmuseum auf der Festung Ehrenbreitstein aus. Die dort gezeigte »Faszination Figurentheater« erwies sich als überraschender Publikumserfolg und erlaubte den Gedanken, das enorme Potenzial der Sammlung Rother für ein zu gründendes Fachmuseum im Lande zu nutzen.

2005 wurden in Bad Kreuznach wieder einmal Puppenkoffer, Bühnenkisten und Pappschachteln ausgepackt, aber diesmal in ganz großem Stil: »Die Landessammlung Rother« hielt Einzug in die Nahestadt. Mit ihr ist der Lauf des Unsteten durchbrochen, sie wird nicht wieder eingepackt. Handpuppen, Marionetten, Stockfiguren, Bühnenbilder, ganze Ausstattungen, Plakate und Dokumente gehören zu den ca. 2000 Theatralia aus der Geschichte des deutschen wie internationalen Puppentheaters, dem Lebenswerk von Karl-Heinz und Greta Rother. Diese Sammlung bildet fortan als Dauerleihgabe des Landes Rheinland-Pfalz den Grundstock des »Museums für PuppentheaterKultur«.[8]

Im denkmalgeschützten Gebäude des Ritterguts Bangert wurde das einzige Puppentheatermuseum Südwestdeutschlands als dauerhafte Einrichtung der Stadt Bad Kreuznach eingerichtet.

Das ehemalige Hofgutgebäude der Gutsbesitzerfamilie Puricelli aus dem Jahre 1899, einst genutzt für land- und weinwirtschaftliche Betriebsabläufe, bot durch seine Speicher und Lager den Raum für großzügige museale Theaterinszenierungen. Die historische Bausubstanz fügt sich ein, manchmal spielt sie reizvoll mit, wenn das hölzerne Gebälk aus Getreidespeicherzeiten auf das hölzerne Œuvre der deutschen Figurengestalterszene trifft.

Der 2002 ins Leben gerufene Förderverein war maßgeblich daran beteiligt, die neu zu entdeckende Theaterform in Bad Kreuznach heimisch werden zu lassen.

ENTWURFSSKIZZE ZUR AUSSTELLUNGSGESTALTUNG

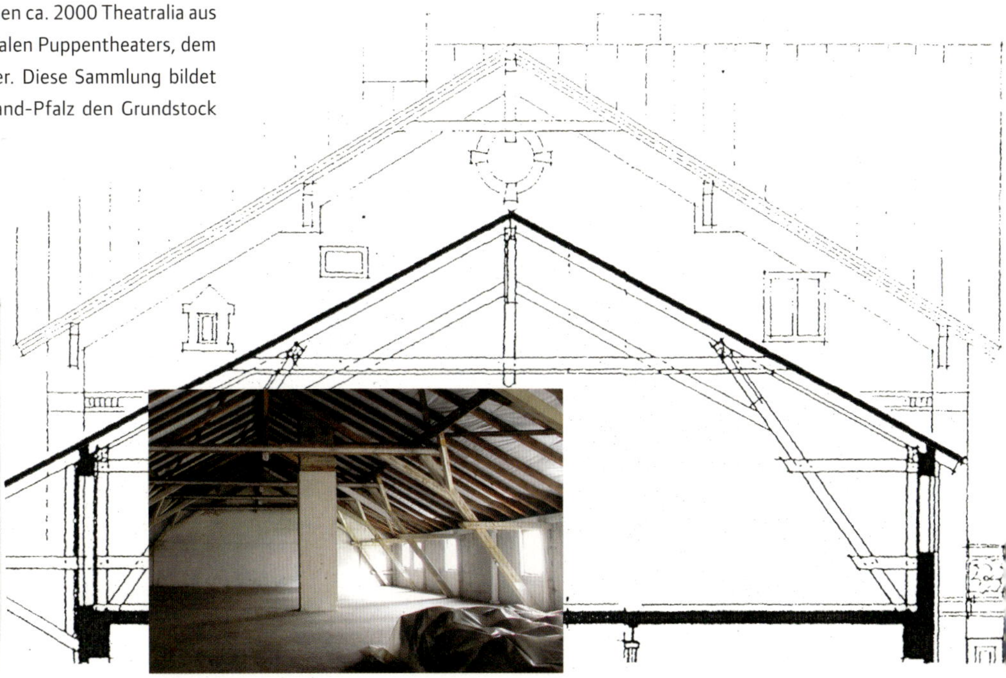

PLAN UND FOTO AUS DER ENTWICKLUNGS- UND BAUPHASE DES MUSEUMS
Umbau des historischen Gebäudes durch das Hochbauamt der Stadt Bad Kreuznach
Architektenteam: Bernhard Unholtz, Bärbel Marx und Sabine Woikowsky

DAS PUK: EIN MUSEUMSGEBÄUDE FÜR DIE WELT DER PUPPENTHEATERKULTUR
Im Vordergrund: Holzskulpturen von Frank Leske / Bad Kreuznach / 2004 und 2005

DIE DAUER-AUSSTELLUNG

Die Welt der PuppentheaterKultur ist damit an der Nahe sesshaft geworden; zahlreiche Stars des Puppenspiels und viele ehrwürdige historische Theaterfiguren fanden eine neue Heimat im PuK, im Ensemble der »Museen im Rittergut Bangert«.

Das »Museum für PuppentheaterKultur« der Stadt Bad Kreuznach präsentiert vielschichtig eine Kunstform, die in allen Kulturen der Welt zuhause ist: Die ganze Welt der PuppentheaterKultur im Museum. Vom Ursprung her ein Medium kultischer Handlungen, beweist die (Theater-)Puppe ihre große Lebendigkeit auch in der modernen Theaterlandschaft. Die Theaterfigur »entpuppt« sich als zeitloses Instrument, um Zuschauer im Theater zu bezaubern. Dieser magische Moment soll auch im Museum »zünden«.

Für professionelle Puppenspieler und ihre Kunst steht der Theatersaal mit 99 Plätzen bereit, jeder erste Sonntag im Monat ist Theatersonntag für die ganze Familie. In der Demonstrationswerkstatt können Interessierte in die Methoden des Puppenbaus eingewiesen werden.

Der Ausstellungsbesuch gerät zu einem Erlebnis für fast alle Sinne: Die Exponate haben den nötigen Raum ihre optische Gestaltung zu entfalten, ausgewählte Objekte laden zum Berühren ein, punktuell gibt es Geräusche und Töne, die ansprechen, und wer möchte, kann bei den Theaterstars seiner Wahl verweilen.

An vorstellungsfreien Tagen verwandelt sich der Theatersaal in einen – in der Museumswelt einzigartigen – »Spielsalon«: An fantasieanregenden Theaterspielstationen können Besucher in der variablen Bühne für Handpuppen, Tischfiguren oder Marionetten, an der Geräuscheinstallation, bei der Maskenwand, am großen Papiertheater oder auch im Schattenspielbereich selbst aktiv werden und dabei frisch gewonnene Eindrücke spielerisch umsetzen und vertiefen.

Die Museumsarbeit jenseits der Besucheröffentlichkeit wird davon bestimmt, dass die Mitarbeiterinnen und Mitarbeiter die an sich flüchtige Welt des Theaters für nachfolgende Generationen konservieren. Hunderte von Regalmetern voll mit säurefreien Aufbewahrungskartons stehen im Depot des PuK, dem Aufenthaltsort all jener Theaterpuppen, die (derzeit) nicht in der Dauerausstellung zu finden sind. In den Kartons schlummern tausendundeine Anregung für zukünftige Themen der Sonderausstellungen. In der angegliederten Bibliothek stehen von A bis Z Fachbücher, Nachschlagewerke und neue Medien von »Augsburger Puppenkiste« bis »Zentrales Puppentheater Moskau«. Ein guter

PREMIERENGÄSTE IM PUK
von links nach rechts: Helga Baumann (Initiatorin des Museumsprojektes vor Ort und Kulturdezernentin von 1999 bis 2009) / Sammler Karl-Heinz Rother, Ministerin für Kultur a. D. Dr. Rose Götte, Geheimrat Johann Wolfgang von Goethe vom »Theater der Nacht« im Gespräch mit Museumsgästen / Museumsbeiräte Prof. Dr. Jürgen Hardeck (Kultursommer Rheinland-Pfalz) und Prof. Albrecht Roser (Marionettenspieler und -dozent)[9]

Ort für niedergeschriebene oder fotografierte Puppenspielhistorie. Das hat auch der Berufsverband »Deutsche Puppentheater e.V.« erkannt und Bad Kreuznach als Ort zur Aufbewahrung seines einmaligen Foto- und Pressearchivs bestimmt.

PuppentheaterKultur ist Pflege von Tradition und Entwicklung zur Moderne zugleich und ein Museum der geeignete Ort beides darzustellen und in Ausstellungen sowie Begleitprogrammen immer neue Akzente zu setzen. Das PuK wird zu einem nachhaltigen Ort, für die Puppentheaterwelt, ist die Bad Kreuznacher Kulturdezernentin Andrea Manz überzeugt, denn »der flüchtige Moment der Erinnerung an ein Gastspiel, an die eine oder andere Bühnenpersönlichkeit ist im Museum beständig geworden«.

Anmerkungen:

1 1823 ist mit dem Koblenzer Marionettenspieler Georg Kram das erste Jahrmarktsspiel nachzuweisen. Stadt Bad Kreuznach (Hrsg.): 200 Jahre Jahrmarkt, Verlag Ess, Bad Kreuznach, 2010.

2 Vgl. Gratis-Anzeiger zum »Oeffentlichen Anzeiger«, Kreuznach 1886, Nr. 42/2. Jahrgang siehe auch Stadt Bad Kreuznach (Hrsg.): 200 Jahre Jahrmarkt, Verlag Ess, Bad Kreuznach, 2010.

3 Seit 1936 betreibt die Theaterdynastie Millowitsch ihr Volkstheater als ortsfeste Einrichtung. Heutzutage an der Aachener Straße in Köln.

4 Als weitere Gastspiele in Kreuznach sind belegt:
– »Deiningers Marionettentheater« aus Karlsruhe / 1930
– »Moselland-Puppenspiele« aus Koblenz / 1941
– »Rüsselsheimer Puppenspiele« Franz-Heinz Wolf / 1975
– »puppenzentrum frankfurt« Dieter Brunner / 1981
– »Prager Marionettentheater« / 1980
– »Fantasie-Theater« aus Nürnberg / 2003
– »Dornerei-Theater mit Puppen« aus Neustadt/Weinstraße / 2003
– »Hohenloher Figurentheater« / 2004.

5 Jacob, Max: Mein Kasper und ich – Lebenserinnerungen eines Puppenspielers, Stuttgart 1981 (2. Auflage), S. 237.

6 Verband Deutsche Puppentheater (Hrsg.): Katalog der Wanderausstellung »Deutsche Puppentheater«, 1975.

7 Pohl, Gerd Josef: Auf zweiter Bühne – Der Figurensammler Karl-Heinz Rother, Eitorf, 2009, S. 35.

8 Bis 2012 hat sich der Sammlungsbestand auf ca. 4000 Exponate erweitert (Landessammlung Rother und PuK-Sammlung).

9 Bis 2006 begleitete ein neunköpfiger Museumsbeirat die Aufbauphase des Museums.

DIE PROBIERSTATIONEN
laden zum Mitspielen ein

DAS DEPOT
beherbergt den Museumsfundus

NEUER AUFTRITT IM PUK: DIE HOLZKÖPFE VON TILL DE KOCK

HILDE UND TILL DE KOCK
ca. 1950

Der gebürtige Flame Till de Kock (1915 – 2010) gilt als einer der produktivsten Puppenbildhauer Deutschlands und hat das optische Erscheinungsbild des Puppenspiels nach dem Zweiten Weltkrieg mitgeprägt. Zwischen seinem ersten Kasperkopf (1947) und seiner letzten Kasperpuppe (2001) schnitzte oder drechselte er ca. 30000 Puppenköpfe, für die seine Frau Hilde all die Jahre die Kostüme fertigte. Dabei wurde der Anspruch an die Qualität im Handwerklichen, sowohl Serienfiguren für den Vertrieb der »Hohnsteiner Werkstatt«, Auftragsarbeiten für Profipuppenbühnen im In- und Ausland und Puppen für Laien, stets eingehalten.

Das Bewusstsein für Kunst auf der Grundlage von solidem Handwerk war auch die Basis für die Freundschaft des Schnitzers Till de Kock mit dem Sammler Karl-Heinz Rother. Die über 150 Figuren Kockscher Meisterschaft bildeten den Anfang der späteren »Landessammlung Rother«, die nach und nach um die Werke aller weiteren namhaften deutschen Figurenbildner anwuchs.

Die Schönsten zeigt die Dauerausstellung unter dem Titel »Vom Holzklotz zum Holzkopf«. Hier kann der Weg vom Ausgangsmaterial Lindenholz zum fertig gestalteten Puppenkopf durch die ebenfalls vorhandene Werkstatteinrichtung von jedem Besucher nachvollzogen werden. Ausgangspunkt aller Schöpfungen Till de Kocks war ein Quader von gut abgelagertem Lindenholz in den Ausmaßen Kopfhöhe mal Ohrenbreite mal Nasenlänge, also ca. 13 cm x 9 cm x 12 cm. Der Meister übertrug die charakteristischen Umrisse des Kopfprofils von einer Pappschablone auf das Holz. Entlang dieses Profils wurde nun mit der großen Bandsäge der Kopf ausgesägt. Dann begann der eigentliche Schnitzvorgang, bei dem zunächst der Klüpfel und ein großes Stecheisen zum Einsatz kamen, um den gesägten Rohling zu runden. Mit kleineren Schnitzeisen hat de Kock dann die für ihn typischen Augenformen, Nasenpartien und Mundwinkel mit feinen Ecken und Kanten aus dem Holz herausgearbeitet. Bei der Oberfläche geschnitzter Puppenköpfe waren Schnitzspuren und der stehen gelassene Schnitt der Eisen dann Kocks »letzter Schliff«.

Seit den 1960er Jahren kam in der Kockschen Werkstatt vermehrt eine Drechselmaschine zum Einsatz. Großzügig gerundete Ausgangsformen zur Puppenkopfherstellung wurden herausgearbeitet, Nasen und Ohren angesetzt und mit der sorgfältig gedrechselten Grundform verleimt. Die Drechselmethode ermöglichte eine rationellere Herstellung. Das Ergebnis waren immerhin Köpfe mit besserer Fernwirkung wegen der klareren Form. Dieses additive Herstellungsverfahren war zwar relativ neu, änderte aber die Auffassung bei der Typisierung der traditionellen Charakterköpfe nicht.

Nun sind die Holzköpfe aus der Werkstatt von Till de Kock für einen neuen Auftritt bereit und es heißt: »Bühne frei im PuK!«

WERKSTATT VON TILL DE KOCK MIT SCHNITZBANK UND DRECHSELMASCHINE
Rekonstruktion mit Hilfe des PuK-Fördervereins

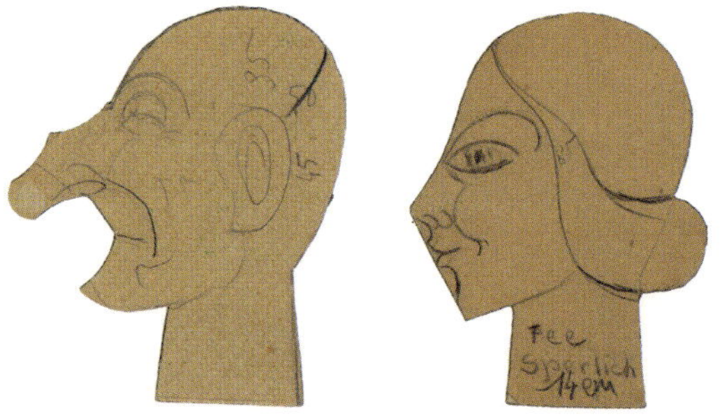

SCHNITZSCHABLONEN FÜR HOLZKÖPFE
von Till de Kock

PuppentheaterKultur
IN RHEINLAND-PFALZ:
Heute und Gestern

PUPPENTHEATERKULTUR IN RHEINLAND-PFALZ: HEUTE UND GESTERN

Beim ersten Hinsehen bringt man das 1946 gegründete Bundesland Rheinland-Pfalz mit vielem in Verbindung: mit der Mainzer Fastnacht, mit dem romantischen Rheintal oder den bekannten Weinlagen der Südpfalz. Beim Abruf kultureller Schlagwörter oder prominenter Künstlernamen treten vermutlich der Speyerer Dom mit seinen Kunstschätzen neben Johannes Gutenberg als Erfinder der Buchdruckkunst oder der renommierte Filmemacher Edgar Reitz aus dem Hunsrück hervor. Zwischen Westerwald, Eifel, Naheland und Pfalz wird das Puppentheater nicht automatisch mit Land und Leuten in Verbindung gebracht – und das zu Unrecht. Denn spätestens seit der Jahrtausendwende ist in Rheinland-Pfalz mit dem zeitgenössischen Puppentheater eine interessante Kunstform breit aufgestellt. Sie bietet dem Kinderpublikum an fast jedem Ort ein erstes Theatererlebnis und vermag auch verwöhnte Theatergänger zu begeistern.

Diese Entwicklung wurde über Jahre von regionalen Figurentheaterfestivals begleitet. Sie vermittelten wesentliche Impulse in der öffentlichen Wahrnehmung und Kenntnis von dieser ganz eigenen Theatersprache. Befanden sich die Festivalorte Hachenburg, Kirchheimbolanden und Schweich an der Mosel auch in der so genannten Provinz, so war ihr programmatisches Angebot dennoch nie »provinziell«. 1993 startete die Festivalpremiere in Hachenburg mit einem damaligen Weltstar der Kunst, dem Niederländer Henk Boerwinkel: Seine morbiden, wandlungsfähigen Schöpfungen kündeten im Westerwald von den fantastischen Möglichkeiten des Genres und dem formalen Aufbruch der Puppenspielszene.[1]

2011 FESTIVALGAST IN MAINZ: ILKA SCHÖNBEIN

Für den Genuss dieser Theaterform ist beispielsweise im Mai 2011 die Auswahl in Rheinland-Pfalz überraschend groß. Unter dem Titel »no strings attached« geht in Mainz ein Kultursommerfestival über die Bühne, das sich programmatisch den neuesten Trends und Formen widmet, mit Künstlerinnen und Künstlern von internationalem Format. Darunter ein französisches Theaterprojekt mit einer deutschen Darstellerin im Zentrum: Ilka Schönbein. Wie selbstverständlich mischt und beherrscht sie beeindruckend die Künste Puppenspiel, Schauspiel, Maskentheater und Tanz. Mit »Die Alte und das Biest« hält sie das Mainzer Publikum in Atem, taucht mit Hilfe ihrer Figuren das Auditorium in ein Wechselbad der Emotionen. Keiner kann entkommen, wenn freizügige Variationen Grimmscher Märchenversatzstücke leisen Humor, abgründige Verhaltensweisen, Brutalitäten und Banalitäten bereithalten. Voilà, vor den Augen der Zuschauer setzt Ilka Schönbein manche Figur zusammen, ihre Gliedmaßen fügen sich mit Maske zu einem Esel, dem man jede Bewegung nachfühlen kann und ihm beim Aufrichten im (nicht vorhandenen!) dreckigen Stallgeviert aufhelfen möchte. Im nächsten Moment unternimmt er mit seinem Schwanz Eseleien, die viele in einem »Puppenspiel« nicht erwarten ... Das offene Mainzer Publikum kann während der Präsentation von Ilka Schönbeins Ensemble den Puls des avantgardistischen Figurentheaters spüren.[2]

Ebenfalls im Mai 2011, Ortswechsel. Besuch eines stationären Figurentheaters im Westerwald: Das 1992 eröffnete Theaterhaus Alpenrod der Figurenspielerin Petra Schuff bietet ein Ambiente, wie geschaffen für ihre fantastischen Theatergeschöpfe. Die Künstlerin schloss 1988 ihre Berufsausbildung mit Diplom ab und gehört damit zu den ersten Absolventinnen des Studienganges Figurentheater an der Hochschule für Musik und Darstellende Künste in Stuttgart. Mit der Zeit hat sie in einer Verbindung von Figurentheater und Schauspiel ihren Stil gefunden. Sie bevorzugt bekannte Sujets aus Theater und Kinderliteratur in unkonventionellen Bühnenfassungen. Ende Mai 2011 steht im Theaterhaus Prokofjews Klassiker »Peter und der Wolf« auf der Bühne, der hier in der Programmschiene »Bambi-Theater« läuft – für Kinder und Eltern, für Theatereinsteiger, die am Westerwälder Waldrand den Weg in die Formenvielfalt des Figurentheaters finden sollen.

DIE ALTE DAME
aus dem Theaterstück von Friedrich Dürrenmatt
Bühne: Hohenloher Figurentheater / Herschbach-Westerwald
Stabfigur von Jürgen Maaßen / 1994

Aus ganz anderem Holz sind die Protagonisten des ebenfalls im Westerwald ansässigen Hohenloher Figurentheaters geschnitzt. Harald und Johanna Sperlich, beide aus Puppenspielerdynastien stammend, sind durchaus in ihrer Heimatregion zu erleben. Allerdings ist ihr Aktionsradius durch die große Nachfrage seitens hochkarätiger Veranstalter bestimmt. Und diese kommt nicht von ungefähr, agieren die »Hohenloher« doch in der ersten Liga der deutschen Puppenspielszene, in der sie ihren Ruf als stimmgewaltige und virtuose Spielerpersönlichkeiten von Gastspiel zu Gastspiel bestätigen. Ihr Zuhause sind folgerichtig neben dem Theatertransportfahrzeug Podien und Bühnen von Husum bis Berchtesgaden, von Österreich bis in die Schweiz. Im Frühjahr 2011 weist der Tourneespielplan das große »Internationale Figurentheater Festival« in Nürnberg sowie eine neu eingeführte Figurentheaterreihe für Erwachsene im bayerischen Waldkraiburg auf. Lenkt das Ehepaar Sperlich längst wieder den Bus zum nächsten Auftritt, rühmt die Presse des letzten Gastspielortes abermals »höchste Sprechkultur« und ihre sichere Beherrschung aller Theatermittel.

Der Solist Matthias Träger, jahrelang in Italien beheimatet, hat in Klotten an der Mosel für Familie und Bühne eine neue Heimat gefunden. Dort baut und probt er im Mai an einer neuen Produktion für den »Festivalstern Figurentheater 2011«. Im Herbst wird Trägers »Tearticolo« mit dem neuen Stück »An der Arche um Acht« Premiere feiern und in allen Landstrichen von Rheinland-Pfalz zu Gast sein. Dies ist dank der Förderung durch die Initiative »Kultursommer Rheinland-Pfalz« selbst in kleinsten Orten möglich.

Bereits im Frühsommer 2011 bahnt sich am traditionsreichen Theater Koblenz eine innovative Kooperation an. Für das traditionelle Weihnachtsmärchen knüpft die Intendanz frühzeitig Fäden zur Puppenspielabteilung der Hochschule Ernst Busch in Berlin. Früchte dieser Zusammenarbeit erlebt das Koblenzer Publikum dann in der Weihnachtszeit, wenn in der Inszenierung »Morgen, Findus, wird's was geben« der kauzige Junggeselle Petterson von einem Schauspieler des Koblenzer Ensembles verkörpert, der kleine quirlige Kater Findus hingegen von einem jungen Talent der Berliner Puppenspielhochschule gespielt werden wird.

Neustadt an der Weinstraße besitzt das südlichste feste Figurentheaterhaus in Rheinland-Pfalz. Den Theaterraum im romantischen Mußbacher Herrenhof erklimmt man über 56 steinerne Stufen eines schneckenförmigen Renaissance-Treppenhauses. Oben unter dem Dach der »Fördergemeinschaft Herrenhof« agieren regelmäßig die Akteure vom »Dornerei Theater mit Puppen« in Stücken für Kinder und Erwachsene. Bei einer Stippvisite im Mai kann man Eleen Dorner antreffen, bei Vorbereitungen für die Wiederaufnahme der schwarzen Komödie »Harold und Maude«. Im historischen Gebälk entdecken die Zuschauer Puppen aus früheren Produktionen der Bühne. Dort lugt Lotta aus der Krachmacherstraße hervor, hier der Kleine Prinz. Ein Ort ausschließlich für die Spielarten des Figurentheaters der Dornerei und seiner Gäste. Das Puppentheater ist also in Rheinland-Pfalz zu Hause.[3]

THEATERHAUS ALPENROD
im Westerwald

FIGURENTHEATERHAUS
in Mayen

FIGURENTHEATERATELIER
in Rehweiler

THEATER MIT PUPPEN
im Mußbacher Herrenhof /
Neustadt an der Weinstraße

MAX JACOBS GEBURTSHAUS
in Bad Ems

OTTO KRAEMER
als 12-jähriger Schüler vor seinem Haustheater / 1912

JOHANNA SCHICHTL
Künstlerkarten / ca. 1955

Wer die Theatergeschichte in Rheinland-Pfalz Revue passieren lässt, dem sticht ins Auge, dass in dieser Region Menschen das Licht der Welt erblickten, die später andernorts dem Puppenspiel nachhaltige Impulse verliehen haben. So wurde in Bad Ems 1888 jener Max Jacob geboren, der in seinem Todesjahr 1967 als weltweit anerkannter Neuschöpfer des Handpuppenspiels und Präsident der internationalen Puppenspielvereinigung UNIMA in Hamburg zu Grabe getragen wurde (siehe Seite 43). Der Schattenspielkünstler Otto Kraemer (1900 – 1986) kam in Bingen am Rhein zur Welt, verbrachte seine Jugend in Mainz und entfaltete später in Karlsruhe sein Talent als Meister des Schattenspiels.[4] 1918 wurde Johanna Henriette Gertrude Schichtl in Bobenheim als Nachkomme der weit verzweigten Schichtl-Dynastie geboren, als deren Urahn Johann Evangelist Ignaz Schichtl (1798 – 1883) und seine Frau Ursula Barbara gelten.[5] Mehrere Generationen später besaß die so genannte »Bobenheimer Linie« mit dem Wohnhaus gegenüber dem Bobenheimer Bahnhof einen repräsentativen Familiensitz. Von dort zog es die Schichtls hinaus in die Welt. Gearbeitet wurde auf der Reise. Der Beruf, das Marionettenspiel, wurde überregional auf Messen und Märkten und später vor allem in Varietés weltweit ausgeführt. So sah die geborene Kurpfälzerin Johanna Schichtl schon in jungen Jahren als Assistentin ihrer Eltern Städte in ganz Europa wie in Amerika, wo immer die »Original Mechanical Wonders and Marionettes« der »Schichtl-Family from Bobenheim« ihren Showact zeigten. Auch ein Koblenzer Mädchen, Katharina Magersuppe (1924 – 1986), machte als Prinzipalin des Steinauer Marionettentheaters Bühnenkarriere.

Mit einer großen Anzahl von Figuren wird im Bestand des Museums für PuppentheaterKultur der Aufgabe Rechnung getragen, den Spuren regional bedeutsamer Puppenspielkünstler der Vergangenheit Aufmerksamkeit zu schenken. Auffällig ist dabei das Handpuppenensemble des Kaiserslauterer Künstlers Johann Willi Lehmann (1915 – 1985). Die Charakterzeichnungen der Figurenköpfe sind für Handpuppen untypisch fein und kleingliedrig gestaltet und verraten heutigen Betrachtern, dass der Bühnenleiter als Puppengestalter seiner eigentlichen Neigung als Maler und ehemaliger Student der Berliner Kunstakademie und der Werkkunstschule Mainz frönte und der gestalterischen Seite des Berufes demzufolge größte Aufmerksamkeit beimaß.

Mehrfach tauchen in der Bad Kreuznacher Dauerausstellung des PuK Handpuppen auf, die ursprünglich dem Fundus von Willi Biondino aus Mainz entstammen. Der gelernte Schauspieler war ein Berufsleben lang in vielen Varianten als Darsteller mit und ohne Puppen tätig. Nachdem er 1928 sein Handpuppentheater »Mainzer Puppenspiele« gründete, betrieb er in der Nachkriegszeit ein stationäres Marionettentheater in Mainz, war auch als Schauspieler aktiv, wirkte sogar in der beliebten Hessischen Fernsehserie »Die Hesselbachs« mit, um seine Laufbahn 1970 mit der damals populär gewordenen Verkehrserziehung mittels Kaspertheater zu beenden.

Nur wenige Puppen bilden die figürliche Hinterlassenschaft einer mehrjährigen Theatertradition in Koblenz. Dort wurde 1940 im Auftrag vom so genannten »Kulturverband Moselland« als Ergänzung zu Stadttheater und Landesorchester eine Handpuppen- und Marionettenbühne gegründet, unter der Leitung des erfahrenen Wuppertaler Puppenspielers Hans Scheu. Zu den Aufgaben des achtköpfigen Ensembles dieser »Moselland Puppenspiele« gehörte im Sinne der damaligen »Volkstumsarbeit« ein Spielplan mit Märchen und Sagen für die Kinder in den Dörfern und Städten an der Mosel, im Hunsrück und der Eifel. Im Zweiten Weltkrieg wurden Hans Scheu und seine Spieler mit dem Ansinnen, die Truppenmoral zu »stärken«, auch zu Gastspielen vor verwundeten Soldaten beordert. Bis 1970 blieb das Puppenspiel aus Koblenz unter der Bezeichnung »Landespuppenbühne Rheinland-Pfalz« erhalten, künstlerisch geleitet von Ernst Müller-Enders, einem ehemaligen Mitspieler der Truppe um Hans Scheu.[6]

Überreste und Spuren von Puppentheatern vergangener Zeiten sind auch in rheinland-pfälzischen lokalhistorischen Museen zu finden. Unter einem Treppenaufgang im Stadtmuseum von Ludwigshafen legen einige der 47 noch erhaltenen Marionetten stummes Zeugnis ab vom einstmaligen »Marionettentheater Pfälzer Künstler«, an dem unter der Spielleitung von Adolf Zink Dramaturgen, Kunstmaler, Figurengestalter und Sprecher beteiligt waren. Ein Programmheft weist Marionettenspiele von Franz Graf von Pocci, eine Fassung des Faustpuppenspiels und ein Singspiel von Wolfgang Amadeus Mozart auf.

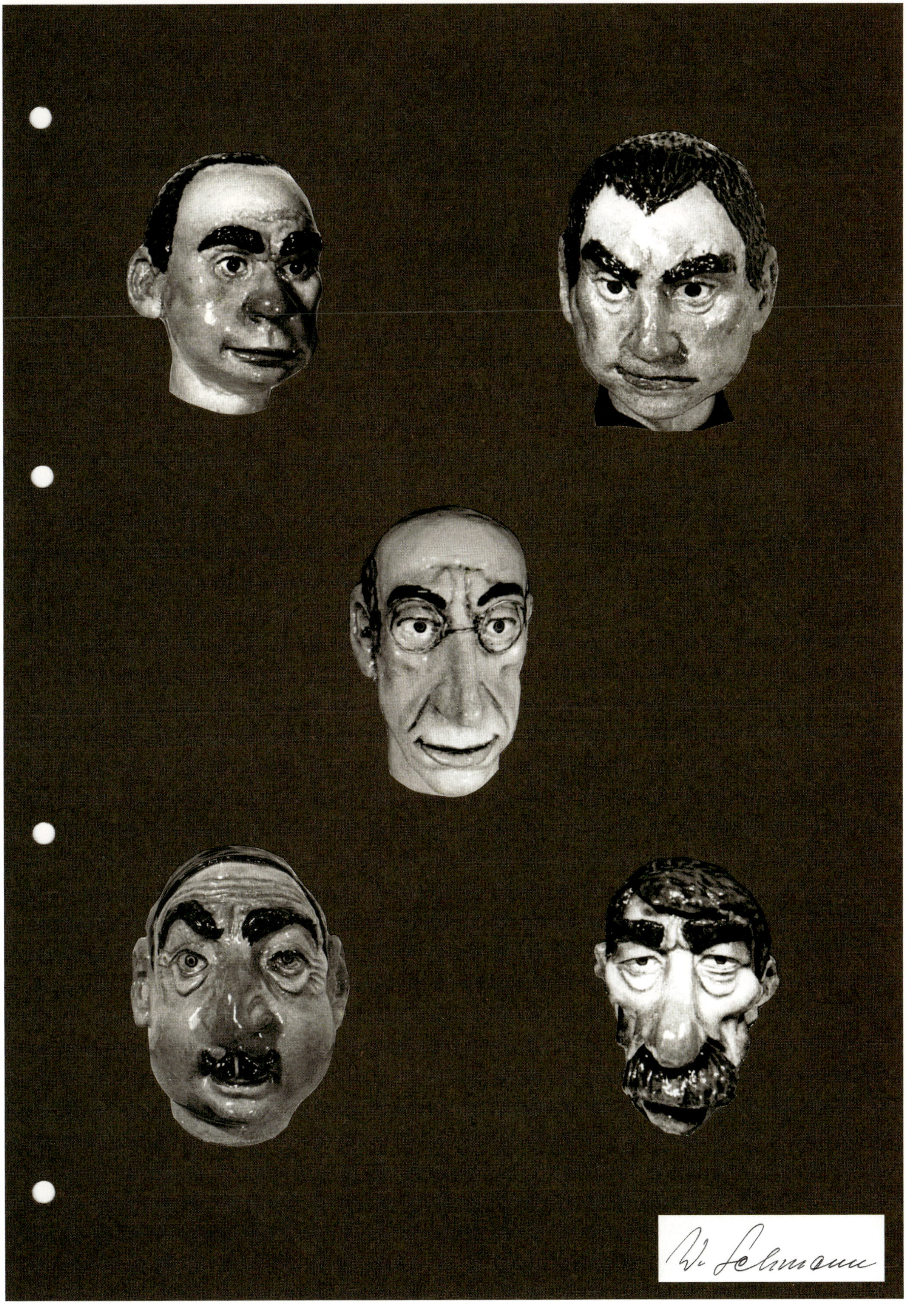

AUSZUG AUS DER WERBEMAPPE VON LEHMANNS HANDPUPPENTHEATER
Kaiserslautern / ca. 1950 / Handpuppenköpfe und Fotografie: Johann Willi Lehmann

PROGRAMMHEFT
Ludwigshafen / 1920

PAPIERTHEATERFIGUREN
DER MAINZER FIRMA JOSEF SCHOLZ
Schauspieler und Theaterdirektor
Mainz / ca. 1890

Eine kunsthistorisch wertvolle, gleichwohl überraschende Entdeckung – zu Protagonisten erster Güte der Münchner Marionettenspielszene der 1920er Jahre – bietet das Stadthistorische Museum Mainz. Leicht könnte übersehen werden, dass die nur ungefähr zehn Zentimeter kleinen Fadenfigürchen aus dem Fundus im Künstlerhaushalt des Mainzer Malers Hans Kohl (1897–1990) von Walter Oberholzer stammen. Dieser Studienfreund und Künstlerkollege Kohls gestaltete das Kohlsche Miniensemble mit der gleichen Könnerschaft und Präzision wie jene Marionetten, die er in jahrelanger Zusammenarbeit für das traditionsreiche »Münchner Marionettentheater« in großer Anzahl schuf. Manche Typen sind demnach sogar doppelt museal aufbewahrt: als Kleinmarionette im Mainzer Museum und als größere Ausgabe in der Puppentheatersammlung des Stadtmuseums München.

Eines der kleinsten Zirkusmuseen Deutschlands, das Bajasseum Enkenbach-Alsenborn, beherbergt Zeugnisse mehrerer pfälzischer Artistenfamilien, die sich einst aus dem Örtchen aufmachten, um das Publikum weltweit mit Artistik, circensischen Attraktionen und Zirkusmusik zu unterhalten. In Enkenbach-Alsenborn hat der in Zirkuskreisen klangvolle Name Althoff seine Wurzeln. Unter dieser Althoff-Linie befand sich ein Kleinkünstler, der seinen Lebensunterhalt als Puppenspieler verdiente: Rudi Franz.

Weiter zurück in der Chronik der landesgeschichtlichen Puppentheaterhistoriografie ist der Verlag Josef Scholz auf dem Gebiet der Produktion von gedruckten Papiertheaterbögen hervorzuheben. Als das große Mainzer Theater seinen Spielbetrieb mit der Mozart-Oper »Titus« eröffnete, begann die ortsansässige Firma Scholz die Opernhelden des Titus im Miniaturformat auf Papier mit Bühnenbildern und Textbüchern herauszugeben. So konnte das Mainzer Bürgertum zeitgleich zur Opernpremiere das Stück vereinfacht im heimischen Wohnzimmer nachspielen, natürlich erst, nachdem die papiernen Figurinen sorgfältig ausgeschnitten und mit einem Führungsdraht versehen worden waren. In der Blütezeit des Papiertheaters, von der Mitte des 19. Jahrhunderts bis zum Ersten Weltkrieg, hatte das Haus Josef Scholz circa 300 Theaterbogen im Angebot, von Shakespeares »Maria Stuart« bis hin zu Schillers »Die Räuber«.

Einer der ersten urkundlich erwähnten Marionettenspieler in der Pfalz ist für das 15. Jahrhundert im damaligen Herzogtum Pfalz-Zweibrücken dokumentiert.[7] Kaum zu glauben, aber noch 1774 gewährte der Neustadter Stadtrat, heute Neustadt an der Weinstraße, die Verlängerung eines Gastspiels dort nicht – aus Fürsorgepflicht gegenüber der örtlichen Jugend.

Das Puppentheater hat einen weiten Weg zurückgelegt, vom Rande der Gesellschaft hinein in die Kulturszene von Rhein, Mosel und Nahe. Heute hat es sich zweifelsohne in Rheinland-Pfalz etabliert, zumindest auf den zweiten Blick. Und wenn aktuell publik wird, dass der puppenspielende Unterhaltungsstar und mehrfache Comedypreisträger René Marik Kindheit und Jugend im Westerwald verbrachte, bevor er in Berlin zum Puppenspieler ausgebildet wurde…

Anmerkungen:

1 Festivalgründer in Hachenburg war Kulturreferent Dr. Jürgen Hardeck, Festivalleiter in Kirchheimbolanden der Lehrer Pit Elben und Festivalleiter in Schweich der Schulleiter Bodo Maibaum.

2 Siehe Programmheft »no strings attached«, Mainz 2012. Kuratorin des Mainzer Festivals ist Nike Poulakos.

3 Weitere professionelle Bühnen in Rheinland-Pfalz: Artisjok-Theater, Anke Scholz, Schweighofen / Chaussée-Theater, Billy Bernhard, Schweighofen / Malzacher Figurentheater, Bad Dürkheim / Puppentheater, Christian Küpper, Cochem / Theater Traumland, Münster-Sarmsheim / Compagnie Maram, Mainz / Guck'mal – das mobile Figurentheater, Kunkel / Die kleine Weltbühne, Rödern / Theater Punkt, Rehweiler / Puppenbühne Wolfgang Feder, Neuwied.

4 Deutsches Institut für Puppenspiel (Hrsg.): Schattentheater von Prof. Otto Kraemer Karlsruhe. In: Meister des Puppenspiels Nr. 22, Bochum, ohne Jahresangabe. Kraemer siedelte das Faustspiel in Mainz an und sein Kasperl sprach darin »meenzerisch«.

5 Siehe Stammbaum der Familien Schichtl. In: Dering, Florian / Gröner, Margarete / Wegner, Manfred: Heute Hinrichtung – Jahrmarkts- und Varietéattraktionen der Schaustellerdynastie Schichtl, München, 1990. Zwischen 1883 und 1918 kamen in Bobenheim vier spätere Marionettenspieler bzw. Artisten mit dem Namen Schichtl auf die Welt.

6 Vgl. Holz, Henriette: PuppentheaterKultur in Rheinland-Pfalz, Manuskript, Bad Kreuznach 2005.

7 Bregel, Kurt: Die Geschichte des Theaters in Zweibrücken von den Anfängen bis zur Gegenwart, Dissertation, Mainz, 1956.

SZENENBILD AUS »KALIF STORCH« / GROSSWESIR UND KASPERL LARIFARI
Das kleine Marionettentheater entstand ca. 1920 in München. Es ist das Produkt einer Künstlerfreundschaft zwischen dem Mainzer Maler Hans Kohl und dem Schweizer Ehepaar Walter und Lisl Oberholzer.

OTTO KRAEMER

EIN GENIUS DES SCHATTENSPIELS MIT WURZELN IN RHEINLAND-PFALZ

Es war in Bingen am Rhein zu Beginn eines neuen Jahrtausends. Ein Junge mit dem Namen Otto Kraemer wurde geboren und unternahm schon sehr früh erste Schritte, um sich eine eigene Welt im Miniaturformat zu erschaffen. In dieser spielten kleine Marionetten und später Schattenfiguren die wichtigste Rolle. Der Heranwachsende erkannte bald, hierbei das ideale Betätigungsfeld gefunden zu haben, um seine gestalterischen Fähigkeiten mit handwerklichem Geschick und dem Interesse an erzählenswerten Geschichten verknüpfen zu können.

Als Gymnasiast vollendete er sein eigenes, komplett ausgestattetes Haus-Marionettentheater oder erfreute Kinder aus befreundeten Familien mit Schattenspielfiguren aus Pappe. Nicht von Pappe hingegen waren seine in die Tausende gehenden späteren Kreationen für das Kraemersche Schattenspiel, feinsäuberlich aus Sperrholz ausgesägt und mittels Fadenzügen und Gelenkverbindungen beweglich gestaltet. Keimzelle dieser Methode war die Bremer-Vulkan-Werft in den 1920er Jahren. Dort leitete Otto Kraemer damals das Konstruktionsbüro und entwickelte Schiffsmotoren-Modelle. Die maritimen Prototypen warfen derweil ausreichend kostenloses Basismaterial in Gestalt von Sperrholzresten für das häusliche Werkeln an Schattenfiguren ab. Ab 1934, nach seiner Berufung an die Technische Hochschule in Karlsruhe, kam die Schattenspielerei Kraemerscher Meisterschaft zur vollen Blüte.

Im Zeitraum von 1919 bis 1982 entstanden dort 28 sorgfältig erarbeitete Inszenierungen, von denen der »Doktor Faust« mit dem Untertitel »Ex doctrina interitus oder Der Fluch der Wissenschaft« über Jahrzehnte an die 300 Aufführungen erlebte. Dabei blieb das Schattentheater stets nur ein Steckenpferd. Es wurde allein in der Zeit ausgeübt, die neben der Gelehrtentätigkeit Prof. Otto Kraemers und den Stunden für eine achtköpfige Familie übrig blieb. Die sechs Söhne, Ehefrau Elisabeth, Freunde und Bekannte wurden als Spielerensemble eingebunden: Ganz selbstverständlich wurde das Hobby mit professionellem Anspruch so zur Familienangelegenheit. Ein gewisser pädagogischer Ansatz des Professors war immanent, der Wunsch, das Schattenspiel über Generationen zu popularisieren, vorhanden.

Ganz im Sinne Kraemers, findet sich auf den folgenden Seiten ein familienfreundliches kleines Schattentheater mit einem seiner Lieblingsmärchen. Von Anfang an beschäftigte sich Kraemer mit den Märchensujets der Brüder Grimm. Jetzt sind Sie selbst dazu aufgefordert, die Figuren seines Rotkäppchens als Schatten auf einem Spielschirm erscheinen zu lassen. Das komplette Ensemble, vom Jäger über den Wolf bis zum Rotkäppchen, befindet sich in der Obhut der Landessammlung Rother. Die Vorlagen für den Ausschneidebogen orientieren sich an den Figurinen von Prof. Otto Kraemer aus dem Jahr 1976.

WOLF
Ansicht der Figur von hinten / Mechanik

WOLF
Schattenbild

JÄGER
Schattenbild

BITTE MITSPIELEN
DO IT YOURSELF
JOUES TOI-MÊME

ROTKÄPPCHEN
Skizze zur Figur in Originalgröße

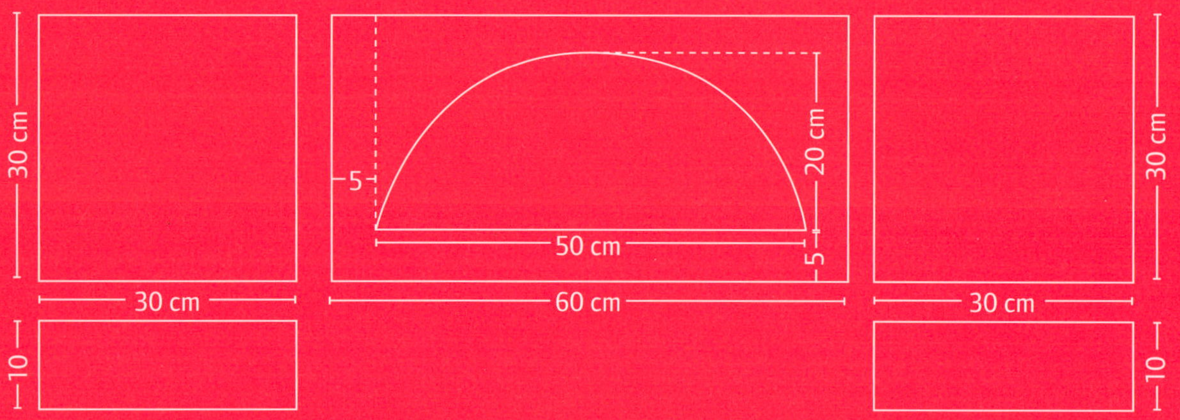

EIN KLEINES SCHATTENTHEATER ZUM SELBERBAUEN FÜR

KRAEMERS ROTKÄPPCHEN

Materialliste:

2 große Bogen **stabiler** einfarbiger Karton (50 x 70 cm)
1 Bogen halbtransparentes weißes Papier (mind. 60 x 30 cm)
1 schwarzer Zeichenkarton (für selbstgestaltete Bühnenbilder)
Schere
Cuttermesser
Reißnägel
Klebstoff
Gewebe-Klebeband
Ausschneidebogen für die Märchenfiguren im hinteren Buchdeckel
Holzklötzchen (3 Stück 5 x 5 x 5 cm / 1 Stück 8 x 5 x 5 cm)

Und so geht's:

Das kleine Schattentheater besteht aus der Vorderseite (in Form des großen Kartons) und den zwei Seitenteilen, die aus einem halbierten großen Kartonbogen gefertigt werden können. Zuerst soll die halbovale Spielöffnung in die Bühnenfront geschnitten werden (Tipp: Form mit Bleistift vorzeichnen und dann mit dem Cuttermesser ausschneiden).

Die ovale Form ist typisch für eine Bühne in Anlehnung an Otto Kraemer und gibt der späteren Szenerie aus Figuren und Bühnenbildteilen einen gefassten Rahmen. Den Spielschirm bildet das transparente Papier. Es muss an allen Stellen den Anschnitt um mindestens drei Zentimeter überragen und wird auf der Rückseite der Bühne mit Hilfe von Gewebeband befestigt. Das Theaterchen erhält nun links und rechts die Seitenteile. Diese bilden die seitlichen Bühnenabdeckungen, können aber außerdem zur Befestigung der Bühne am Spieltisch dienen. Hauptportal, Seitenteile und Befestigungslaschen werden mittels Gewebeband miteinander verbunden (siehe Zeichnung).

Nun werden die künftigen Märchendarsteller aus dem Rotkäppchen-Bastelbogen mit der Schere sorgfältig ausgeschnitten. Die untere Verlängerung der Spielfiguren dient zur Befestigung der Puppe an einem Holzklotz (Kleber und Reißnägel helfen dabei). Jetzt kann die Schattenfigur vom Spieler hinter der Bühne entweder von links oder von rechts seitlich in den Bildschirm hineingeschoben werden. Der Wolf kann aber einmal ganz überraschend und blitzschnell seinen Auftritt haben. Dazu wird er einfach flach auf den Tisch hinter den Spielschirm gelegt und hochgeklappt.

Schatten brauchen Licht. Als Bühnenlicht kann eine Schreibtischlampe Verwendung finden, die von hinten auf den Spielausschnitt leuchtet.

Und wer möchte, kann zu den von Kraemer gestalteten Figuren in Scherenschnittmanier aus schwarzem Zeichenkarton einfache Bühnenbildteile wie einen Tannenbaum oder eine Hausfassade anfertigen. Natürlich steht auch die Szenerie wunderbar mittels Holzklötzchen an der richtigen Stelle im Bild.

**Licht an, bitte mitspielen,
das kleinste Schattenspiel für zu Hause kann beginnen!**

Den Ausschneidebogen für die Figuren findest Du am Ende des Buches

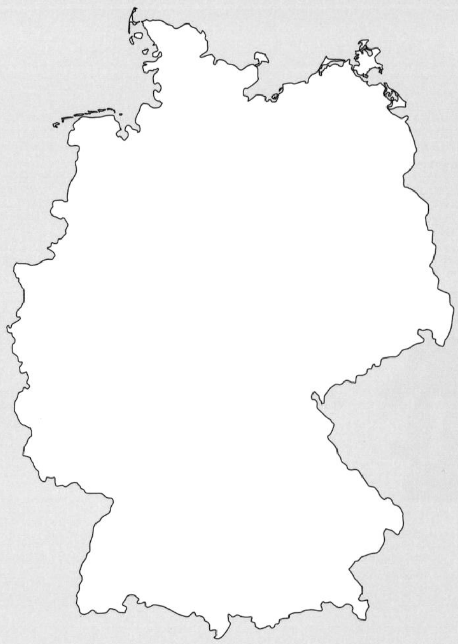

DAS »GEBORENE« VOLKSTHEATER

Frühe Puppenspiele in deutschen Landen

Mahlzeit, Mahlzeit, Mahlzeit!
Gestatten: August Nudeltute.
Im Kaspertheater bün ick der Ansager,
tjawoll, det bün ick, sogar (fast) in Lebensgröße!
Junge, Junge, Junge … passt mal op:
Jetzt kommt hier mein Cousin, der Kasper Putschenelle
und nu geiht dat richtig looooos!

DAS »GEBORENE« VOLKSTHEATER
FRÜHE PUPPENSPIELE IN DEUTSCHEN LANDEN

Wann schlug die Geburtsstunde des Puppenspiels in den Ländern und Städten des heutigen Deutschlands und wer war wohl der erste deutsche Puppenspieler? Diese Fragen werden bei Museumsführungen oft und gerne gestellt. Hierauf gibt es keine stichhaltigen Antworten, denn sie ließen sich doch nicht durch Dokumente belegen. Die Nachbarn aus dem Puppenspielland Tschechien tun sich vergleichbar leichter, einen Urvater des Puppenspiels zu benennen. Dort gilt der Marionettenspieler Matěj Kopecký (1775–1847) als der Urahn aller Puppenspieler Böhmens.

In Deutschland reicht die Quellenlage dagegen zwar weiter und bis in das Mittelalter zurück, lässt aber die »tockenspiler«, also die frühmittelalterlichen Puppenspieler, für die Nachwelt nur als Possenreißer erscheinen, da sie in Ratsprotokollen als untertänige Bittsteller um Spielerlaubnis auftreten und ihre Namen so nur als Verwaltungsvorgang erhalten sind. Die Gesuche wurden von den Ratsherren mal großzügig erteilt oder auch mit dem Argument verweigert, die Darbietung müsse zur Wahrung von Anstand und Sitte unterbleiben. Allemal werden die umherfahrenden Figurenspieler mit all den anderen »Himmelreichern«[1] jener Zeit in einen Topf geworfen: Ablasshändler, Seiltänzer, Feuerschlucker, Lampenölverkäufer und Affendresseure. Allesamt Gaukler für das Volk auf der Straße.

Während Walter von der Vogelweide im frühen Mittelalter zu einer Künstlerberühmtheit avancierte, die Gedichte Teil der höfischen Kultur waren und seiner Kunst in der Liederhandschrift Codex Manesse um 1300 ein frühes schriftliches Denkmal gesetzt wurde, sind die Spuren der Puppenspieler jener Epoche verwischt: keine Spielstoffe sind überliefert, keine Puppen, keine Bühnendekors erhalten – die optische Seite der Puppenspielanfänge ist für das Bewahren in Museen verloren. Im Gegensatz dazu sind die Dichtungen der Minnesänger bis in die Gegenwart überliefert. Holz- und Steinskulpturen zum Beispiel von Tilman Riemenschneider haben sich im sakralen Raum erhalten. Sie geben noch heute Zeugnis von der bildnerischen Formensprache und Ästhetik der Hochkultur im 16. Jahrhundert.

Nicht geringer zu schätzen ist allerdings die Tatsache, dass es den Puppenspielern der damaligen Zeiten gelungen sein muss, durch ihr Spiel einen festen Platz in der Gunst der Massen zu erreichen. Ganz dicht am Publikum dran, war es das »geborene« Volkstheater: auf Marktplätzen und Dorfangern. Spieler und Zuschauer kannten keinen Standesunterschied, das verband. Diese enge Beziehung wurde noch gesteigert, indem sich im Laufe der Zeit mit der Erfindung der lustigen Figur eine Rolle auf der Puppenbühne etablierte, mit der sich jedermann identifizieren konnte. Dieser allererste Serienheld der Unterhaltungsbranche ist noch heute unter dem Namen »Kasper« präsent. Zuvor wurde er auch »Pickelhäring« oder »Hanswurst« gerufen[2]. Der Handpuppenspieler, des Lesens und Schreibens oftmals unkundig, rezitierte sprachgewaltig die Texte der vitalen Kurzszenen aus dem Kopf. Die improvisierte Spielform ermöglichte es, der lustigen Figur aus dem Stand heraus aktuelle Seitenhiebe in den Mund zu legen, die von jedermann verstanden wurden. Zur Unterhaltung der Menschen war gefragt, was Martin Luther *dem Volk aufs Maul schauen* genannt hatte.

TRADITIONELLE KASPERTYPEN
links: Jahrmarktskasper der Familie Richter / ca. 1920
Mitte: Handpuppenkasper aus dem Theater von Willi Biondino / ca. 1940
rechts: Marionettenkasperl aus dem Traditionellen Marionettentheater der Familie Bille / 1964

Zu den Spieltechniken des frühen Mittelalters zählen mechanische Figurenwerke, mit deren Hilfe der Vorführer oder »Himmelreicher« vorzugsweise beliebte »schöne Christliche Comoedien«[3] aufführen konnte. Die Geschichte vom verlorenen Sohn etwa oder den Leidensweg Christi in der Passionsgeschichte trugen die Spielleute für die Bevölkerung »bewegend« vor: bestimmt hoch dramatisch, vielleicht auch belustigend und nach den Quellen mit Hilfe von Figuren.

Die Frühform des Handpuppenspiels ähnelt sich in den europäischen Ländern und ist in der Randminiatur einer flämischen Handschrift bildlich überliefert[4]: Die Puppenbühne weist eine burgähnliche Form auf, vielleicht passend zu aufgeführten Handpuppenszenen aus dem Ritterleben. Auf den Zinnen derartiger »Possenburgen« (oder dem »castello« bzw. »castelet«) konnte der für das Publikum verborgene Spieler die Handpuppen »tanzen lassen«. Der Teufel hat sich von den Mysterienspielen auf die Handpuppenbühne gerettet und agiert höchst erfolgreich, kann er doch beim Handpuppenspiel von unten aus der Hölle auf der Szenerie erscheinen: *Brrr! Perlicko! Hierrr bin ick der Deibel.* Da auch das persische Puppenspiel mit dem Sheitan über eine Teufelsfigur verfügt und es weitere Gemeinsamkeiten gibt, vermutet man eine Vorbildrolle des asiatischen für das mitteleuropäische Handpuppenspiel.

AUGUST NUDELTUTE
Große Handpuppe
aus dem Jahrmarktskaspertheater
von August Büttner / 1890

SÄCHSISCHE THEATERZETTEL
links und rechts: ca. 1935 / Mitte: ca. 1920

PFALZGRAF SIEGFRIED AUS »GENOVEVA«
Unbekleidete Marionette aus dem Traditionellen Marionettentheater der schlesischen Marionettenspielerfamilie Grünholz / 1910

In der Hand hält die Figur das Textbuch zum Ritterschauspiel »Genoveva« aus dem Fundus des Traditionellen Marionettentheaters Dombrowsky. Die Abschrift einer Vorlage von Max Kressig erfolgte 1961 durch seinen Schwiegersohn Kurt Dombrowsky.

Als eine dritte frühe Form des Figurenspiels gelten die an horizontalen Strippen zu bewegenden Ritterfiguren, die von zwei Personen manipuliert wurden. Diese an Fäden *zappelnden Ritterlein* erinnern an das Marionettenspiel, waren aber nur dazu gebaut, um tanzend oder kämpfend Bewegungsabläufe zu vollführen und fungierten nicht als Darsteller in einem Theaterstück. Zu Marionetten im heutigen Sinne mit Gelenkkonstruktionen und ausgeklügelter Fadenführung bedurfte es im Laufe der Jahrhunderte noch einer Weiterentwicklung, die sich in China und Europa vermutlich parallel und unabhängig voneinander vollzog.

Sachsen entwickelte sich zu einem der wichtigsten Marionettenzentren. Für das Jahr 1734 lässt sich dort mit Carl Friedrich Reibehand der erste Marionettenspieler für Mitteldeutschland urkundlich nachweisen.[5] Reibehand, wie seine Konkurrenzunternehmer, verfolgte an jedem Ort das Ziel, seine Familie durch das Spiel mit Marionetten zu ernähren. Um den nötigen Zuspruch bei der Bevölkerung zu erhalten, versprach man Illusionen. Bis zu einem Meter große, sorgfältig gekleidete Marionetten sollten wie echte Menschen agieren; perspektivisch gemalte Bühnenbilder wie dereinst am barocken Hoftheater beeindruckende Raumerlebnisse schaffen.[6] Am *Ah* und *Oh* der einfachen Zuschauer und an den Münzen in der Kasse wurde der Erfolg gemessen. Nach diesem Modell verfuhren im 18. und 19. Jahrhundert in Sachsen weit verzweigte Spielerdynastien wie die Billes, Richters, Kressigs oder Apels und boten Abwechslung und gute Unterhaltung. Dazu reisten sie mit aufwändigen Theatern und Wohnwagen in Sachsen von Gasthaus zu Gasthaus. Bühnengestell und Dekorationen, ja sogar die Marionetten selbst waren für den Transport zerlegbar. So konnte aus diesen Einzelteilen am Gastspielort ein präsentables Theatergeschäft aufgebaut und damit ein umfangreiches Repertoire an Stücken gespielt werden. Die Spielzettel der Reiseunternehmen ermunterten zum Besuch von Stücken wie »Der Erzzauberer Doktor Johannis Faust« oder »Das lasterliche Leben des Don Juan«. Ebenso erfolgreich wurden darauf die Dramatisierungen historischer Ereignisse beworben. Aus England übernahmen die deutschen Marionettenspieler nach italienischen Vorbildern die sogenannten Fantochen. Mit diesen Trickmarionetten konnte ein Marionettenprinzipal seit jeher als »mechanicus« seine Fingerfertigkeit publikumswirksam unter Beweis stellen und bei den diversen Zugaben im Anschluss an das Theaterstück glänzen.[7]

JODLERIN
Trickmarionette aus dem Marionettentheater von Heinrich Apel Senior / Dresden / 1905

Diese Figur wurde ebenso wie Verwandlungsfiguren (Metamorphosen) oder bewegte Schaubilder eines mechanischen »theatrum mundi« als Zugabe gezeigt.

MARIONETTENPRINZIPAL »PAPA SCHMID« SOWIE »KASPERLGRAF« VON POCCI
als Nachbildung in Lebensgröße von Mechtild Nienaber / Stuttgart / 2005

MÜNCHNER KASPERL LARIFARI
Marionette von Franz Leonhard Schadt, dem Nach-Nachfolger von Josef Leonhard Schmid als Prinzipal des Münchner Marionettentheaters / München / 1958

KOMÖDIENBÜCHLEIN
Marionettenstücke von Franz Graf von Pocci wurden schon zu dessen Lebzeiten publiziert, oft ergänzt durch Illustrationen des Autors. Diese Ausgabe erschien im Verlag Etzold München / 1916

TÜNNES UND SCHÄL
Kölsche Stockpuppen von Werner Schulz / Köln / ca. 1990
Neuanfertigungen nach Modellen aus dem Jahr 1950

ROLLVORHANG
aus der Reisebühne vom Kölner Hänneschen-Theater / Köln / ca. 1950
Das Gemälde zeigt eine Stadtansicht von Köln mit dem im Bau befindlichen Dom

In großen Städten wie Köln und München lässt sich für das 18. Jahrhundert die interessante Entwicklung feststellen, dass ein Mann aus dem Volk als aufstrebender Theaterprinzipal zu Lebzeiten zum hoch angesehenen Bürger seiner Stadt werden konnte und ihn die Theatergeschichte auf Dauer mit einer speziellen Puppentheatertradition im Gedächtnis behält. Die erste Voraussetzung für eine derartige Karriere war die Verankerung der jeweiligen theatralischen Unternehmung am Ort, verbunden mit der Herausbildung von Puppengestalten, welche die Bevölkerung als eine der ihren erkennt, akzeptiert und fortan verehrt. So schuf der ehemalige Schneidergeselle Johann Christoph Winters in Köln seit 1802 mit seinem Hänneschen-Theater nicht nur eine bis dahin unbekannte Puppentechnik, die rheinische Stockpuppe, sondern genoss bei den Kölnern jener Zeit ein derartiges Ansehen, dass sogar mehrere Generationen von Stockpuppenspielern davon profitierten und sich selbst das heutige städtische Hänneschen-Theater auf Winters als Traditionsbegründer beruft. Für die Kölner Bevölkerung sind Stockpuppenspiele eine höchst angesehene Unterhaltungsform mit stark lokalpatriotischem Einschlag in einer Traditionslinie von 1802 bis heute. Die Figurentypen genießen Kultcharakter: Das lustige Hänneschen, seine Gefährtin Bärbelchen, Tünnes und Schäl vom Rhein und der gutmütige Großvater Besteva, den schon Johann Christoph Winters dereinst auf die Puppenbühne brachte.

Was dem Kölner sein Hänneschen, ist dem Münchner der Kasperl Larifari. Durch ihn gelang hier wie dort einem Mann aus kleinen Verhältnissen der Aufstieg. Josef Leonhard Schmid (1822 – 1912) ging als »Papa Schmid« in die Münchner Stadtgeschichte ein und erreichte zu Lebzeiten, dass erstmalig in Deutschland ein Stadtrat den Bau eines Gebäudes ausschließlich für Marionettenaufführungen beschloss. So wurde der Kasperl Larifari ab 1900 in der Münchner Blumenstraße heimisch und führte durch die romantischen Ritter- und Abenteuergeschichten aus der Feder von Franz Graf von Pocci (1807 – 1876). Der Hauptberuf des Grafen Pocci am Münchner Hof, wo er als Oberstkämmerer und Hofmusikintendant diente, adelte auch die nebenberuflichen Aktivitäten auf dem Gebiet der Puppen- und Kinderliteratur. So profitierte die Schmidsche Unternehmung vom guten Namen des Grafen. Der Münchner Kasperl sprach natürlich bayerisch, aber dank Pocci mit einem literarischen Textbuch und höherem Anspruch. Denn von Pocci unterstützte die Intentionen des Prinzipals kongenial, ein gehobenes Volkstheater mit Puppen in der bayerischen Metropole zu etablieren. Davon zeigten sich selbst Mitglieder des Wittelsbacher Königshauses entzückt und statteten dem Münchner Theater einen Besuch ab.[8]

Das gehobene Bürgertum und der Adel begeisterte sich zunehmend für das »Theater im Kleinen« und holte es in Form des Papiertheaters oder kleiner Hausmarionettenbühnen in sein biedermeierliches Zuhause, wo nun das höfische Schauspiel- und Opperntheater en miniature von bildungsbeflissenen Familienmitgliedern nachgespielt wurde. Das Volkstheater mit Puppen war nun einerseits als Unterhaltungsform auch beim Bürgertum angekommen, fand andererseits neue Publikumsschichten beim neuen niedrigen vierten Stand, der Arbeiterschaft, die in Städten und Industrieregionen populäre Unterhaltungsformen genießen wollte.

Anmerkungen:

1 Purschke, Hans Richard: Die Entwicklung des Puppenspiels in den klassischen Ursprungsländern Europas. Frankfurt am Main, 1984, S. 30.
2 Der Schauspieler Johann Joseph Laroche kreierte Ende des 18. Jahrhunderts die Rolle des Kasperls. Ab 1805 wird der Kasperl oder Kasper auch von einem gleichnamigen Puppentyp verkörpert.
3 Purschke, Hans Richard: Über das Puppenspiel und seine Geschichte. Frankfurt am Main, 1983, S. 50.
4 Die kleinen Abbildungen befinden sich in der von Jean de Grise illustrierten flämischen Handschrift »Li romans du boin roi Alixandre« (Alexanderlied) aus dem 14. Jahrhundert.
5 Siehe Archiv Staatliche Kunstsammlungen Dresden / Abteilung Puppentheatersammlung / Stichwort Karl Friedrich Reibehand.
6 Bernstengel, Olaf: Sächsisches Wandermarionettentheater. Dresden / Basel, 1995, S. 18.
7 Rebehn, Lars: Und zum Schluss ein Metarmorphosen-Ballett. In: Das Andere Theater, Berlin, 1997, Nr. 28.
8 Die Chronik des Münchner Marionettentheaters berichtet vom Besuch des Prinzregenten Luitpold von Bayern im Jahr 1902.

WEITERHIN POPULÄR AUF NEUEN WEGEN

PuppentheaterKultur in Deutschland im 20. und 21. Jahrhundert

Abtritt: KASPERL LARIFARI
Marionette von Oskar Paul
Bad Tölz / 1988

Auftritt: RATSHERR
Klangfigur von Stefan Fichert zu »Lysistrata«
Gauting / 1992

WEITERHIN POPULÄR AUF NEUEN WEGEN

PUPPENTHEATERKULTUR IN DEUTSCHLAND IM 20. UND 21. JAHRHUNDERT

Um 1900 begann die Wandlung einer Theaterform, die im jungen 21. Jahrhundert noch nicht abgeschlossen ist. Das Puppenspiel entwickelte sich von einer reinen Unterhaltungskultur zu jener Kunstform, der heute das höchste Potenzial an kreativer Verwandlungsmöglichkeit beigemessen wird. Ausgangslage zur Wende vom 19. zum 20. Jahrhundert waren die bis dahin bekannten, von deutschen Volkspuppenspielern beschrittenen Wege.

Unter ihnen die Handpuppenspieler der Jahrmärkte, wie eh und je unzählig auf Plätzen und Straßen vertreten. In Norddeutschland zogen der Kasper Putschenelle, wie im Süden der Hanswurschtl, weiterhin gegen Gendarmen und Teufel in den Kampf. Aller Spott spielte sich auf der Bühne ab – dabei blieb die Kirche im Dorf. Die Puppenspieler zählten nicht zu den Vorreitern, ging es darum, ihr Publikum / das Volk zum tatsächlichen Sturz der Obrigkeiten aufzurufen. Vielmehr boten sie mit dem Handpuppenspiel ein humorvolles Ventil für den Unmut, um so für einen Moment die Ungerechtigkeiten des Alltags leichter zu ertragen. Politische Agitation fand später von der Bühne des Proletarischen Kaspertheaters aus statt. Dessen Roter Kasper artikulierte sich klar politisch und war bestrebt, sich heldenhaft einzumischen. Inwieweit die publizierten Stücktitel »Kasper streikt« oder »Revolte im Kasperhaus oder Alles steht uff'n Kopp« nicht nur von Laien des linken politischen Lagers für ihre Kreise, sondern auch von Berufspuppenspielern auf offener Straße zur Aufführung gelangten, lässt sich nicht mit Bestimmtheit sagen.

GRAFIK VON CARLO BÖCKLIN
aus den Kasper-Bilder-Büchern des Verlags Gebauer-Schwetschke
Halle an der Saale / 1911

Bei Marionetten galten um 1900 weiterhin die auf bewährte Tradition fußenden Arbeitsweisen der fahrenden Puppenspielerfamilien, die wie gewohnt mit Wohn- und Packwagen von Dorfgasthof zu Dorfgasthof zogen. War es finanziell möglich, mündete der geschäftliche Ehrgeiz in das Ziel, beim Publikum mit einer möglichst prachtvollen Ausstattung glänzen zu können. Nach der Blüte des Wandermarionettentheaters im 19. Jahrhundert, als sich diese Unterhaltungsform zu einem gefragten Massenmedium auswuchs, sind zwar schleichende Änderungen der Spielform festzustellen, diese haben aber ihre Ursache nicht in einem bewussten Gestaltungswillen der Akteure, sondern sind Reaktionen auf Veränderungen im Umfeld. Als wichtigstes Beispiel ist die Erfindung des Films anzusehen. Die ab 1900 aufkommenden ersten Kinematographen wurden zunächst vom Prinzipal in sein Unterhaltungsgeschäft Marionettentheater eingebunden und als interessante Kuriosität vorgeführt. Als Wanderkinos später ernsthaft konkurrierten, fädelten die Marionettentheater das Triviale neu auf, orientiert an erfolgreichen Filmtiteln und populären Leinwandschnulzen.[1]

Reformen und Innovationen des Theaters mit Puppen **ab circa 1920** wurden sehr eindeutig ohne Zutun und vorbei an den gewohnten Pfaden der damaligen Volkspuppentheaterakteure vorangetrieben. Die neuen Wege beschritten bildende Künstler, literarisch ambitionierte Theatermacher, oft und gerne Pädagogen, seltener Schriftsteller. Mussten gewöhnliche Marionettenspieler die Bewegungseinschränkungen ihres Instruments, der konventionellen Marionette, bis dato als nicht gestaltbares Bewegungsprinzip hinnehmen und akzeptieren, so setzte der Bauhaus-Künstler Oskar Schlemmer in den 1920er Jahren genau an diesem Punkt an. Bei seinen Kunstfiguren für die Bühne baute er das Prinzip der Bewegungseinengung bewusst ins Konzept ein. Die Spieler im experimentellen Ballett[2] waren mit Schlemmers Kostümplastiken aus farbigen geometrischen Formen ummantelt; dadurch agierten sie »wie Marionetten« oder Schachfiguren auf der Tanzfläche. Die Kostümierten dienten so scheinbar den zu bewegenden Objekten, den Kostümpuppen aus dem Atelier von Oskar Schlemmer. Im modernen Theater mit Figuren erkannten Schlemmer, das Kollegium und die am Bauhaus Studierenden

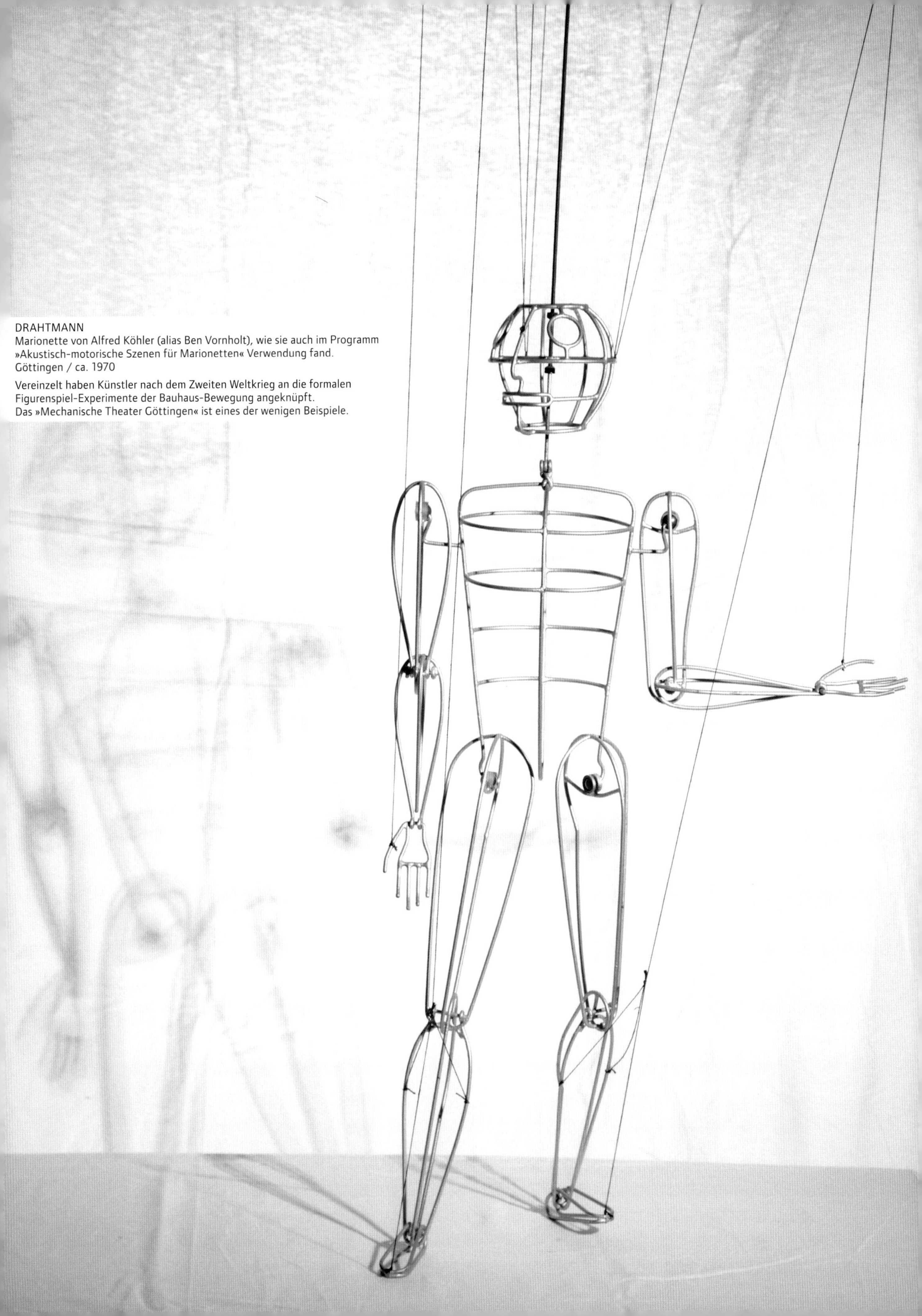

DRAHTMANN
Marionette von Alfred Köhler (alias Ben Vornholt), wie sie auch im Programm »Akustisch-motorische Szenen für Marionetten« Verwendung fand.
Göttingen / ca. 1970

Vereinzelt haben Künstler nach dem Zweiten Weltkrieg an die formalen Figurenspiel-Experimente der Bauhaus-Bewegung angeknüpft.
Das »Mechanische Theater Göttingen« ist eines der wenigen Beispiele.

GRAFIK VON CARLO BÖCKLIN
aus den Kasper-Bilder-Büchern des Verlags Gebauer-Schwetschke / Halle an der Saale / 1911

Carlo Böcklin (1870 – 1934) war der Sohn des berühmten Malers Arnold Böcklin und widmete sich zusammen mit Beate Bonus dem Genre des klassischen Kaspertheaters mit der Absicht, es durch ansprechende künstlerische Gestaltung in Wort und Bild zu popularisieren.

WERBEPOSTKARTE FÜR DAS MARIONETTENTHEATER VON PAUL BRANN
München / ca. 1920

das geeignete Feld zur Umsetzung eines ihrer programmatischen Leitziele: das Zusammenwirken von bildender, angewandter und darstellender Kunst. Für die Theaterwerkstatt gestaltete Kurt Schmidt am Bauhaus, in der gleichen Periode die Personage zur geplanten Inszenierung »Die Abenteuer des buckligen Männleins«. Führungstechnik (Marionetten) sowie Figurengröße (circa dreißig Zentimeter) stehen hierbei in näherem Bezug zum herkömmlichen Puppentheater. Allerdings grenzt sich das Ensemble durch die für damalige Zeit avantgardistische Formgebung, eine Mischung aus gerundeten Körpern und flächigen Gliedermännern, eindeutig von allen anderen Marionetten deutscher Bühnen ab. Dies galt für den Entstehungszeitraum und gilt auch aus heutiger Sicht.

Hinter den Künstlermarionetten aus München stand ein ganz anderer gestaltender, nicht minder ambitionierter Gedanke. In seiner Wahlheimat München gelang es Paul Brann, Künstler ersten Ranges für die neue Idee eines Marionettentheaters als Gesamtkunstwerk zu gewinnen.[3] Dabei stachen Fadenfiguren nicht dadurch hervor, dass ihre bildnerische Gestaltung in eine abstrahierende Richtung wies, sondern sie vermochten den hohen Anspruch ihres Impresarios Paul Brann bei der Bildung eines neuen, literarisch bestimmten Spielplans für Marionetten eindrucksvoll zu verkünden. Um zeitgenössische Dramatiker des frühen 20. Jahrhunderts, wie den Österreicher Arthur Schnitzler oder den Literaturnobelpreisträger Maurice Maeterlinck, erstmalig für die kleinere Form der Marionettenbühne inszenieren zu können, stellte die erste Garde der Münchner Künstler ihr gestalterisches Können der Brannschen Intention zur Verfügung. Mit Blick auf das Ganze galt das Augenmerk dabei nicht ausschließlich der Szenerie, sondern die gesamte optische Gestaltung erfüllte höchste Ansprüche: von der passenden Werbegrafik bis hin zum stimmigen Ambiente für die Theaterbesuche. Der Grafiker Olaf Gulbransson gehört mit Ernst Stern, dem Bühnenbildner von Max Reinhardt, zu den bekanntesten Künstlernamen in Verbindung zu Paul Branns Marionetten. Die Fäden zur weiteren Entwicklung des künstlerischen Marionettentheaters in Richtung Avantgarde wurden durch den Nationalsozialismus gekappt und ihre Macher verfemt. Die Marionetten blieben und gehorchten wieder den traditionellen Auffassungen.

Durchgängig und lang anhaltend war dagegen die Bühnenkarriere des Kaspers der Hohnsteiner Handpuppenspieler. Sie nahm ihren Anfang im Umfeld der Jugendbewegung der 1920er Jahre, reichte bis in die späten 1960er Jahre und wirkt stilistisch sogar bis in das 21. Jahrhundert nach.[4] In der Rückschau trug ein gut gespielter Hohnsteiner Kasper wesentlich zur Anerkennung des Handpuppenspiels als Kunstform bei, verhinderte aber auch durch nahezu konkurrenzlose Omnipräsenz jahrzehntelang jeden anderen Ansatz dieses Genres. Am Beginn stand Max Jacob, ein Mitglied im Jugendbund »Wandervogel«. Er näherte sich dem Kaspertheater spielerisch, um es zu reformieren. Neben anderen Kasperspielern wie Carl Iwowsky oder Max Radestock war er wesentlich geschickter in der Verbreitung seiner Spielart und propagierte den »Hohnsteiner Stil« mit neuen Vermarktungsstrategien auf das Erfolgreichste: Film, Hörfunk, Schallplatten, Lehrgänge für Laien, Werbeschriften gehörten zur Verbreitung der Methode. Max Jacobs »Verfeinerungen« des bis dahin grotesk-derben Handpuppenspiels: Erweiterung des Bühnenraumes in die Tiefe, Verlegung des Handpuppenspiels von der Freilichtdarbietung in den Saal, eigenständige Handpuppendramaturgie. Diese setzte zur Wirkungssteigerung auf den Wechsel zwischen geschliffenen Dialogen, attraktiven Massenszenen, geistreichen Improvisationen zwischen Kasper und Publikum, sowie Tanzeinlagen. Die Handpuppen der Hohnsteiner erhielten eine »gespielte« Hüfte, die mit Dreh- und Knickbewegungen der Puppenspielerhände betont wurde. Dadurch erweiterte sich der Bewegungskanon um feine Nuancen.[5] Schenkt man den vielen Zeitzeugen der Jacobschen Spielweise Glauben, so soll er erfolgreich mit dem »Hohnsteiner Kasper« den Nerv seiner Zeit getroffen haben. Millionen haben Max Jacobs Kasper gesehen, Tausende ihn verehrt, Hunderte ihn kopiert. Von Anfang an gehörte Theo Eggink – zunächst als Spieler – zum Arbeitskreis der Gemeinschaft und hob das später so berühmte Hohnsteiner Puppenspiel mit aus der Taufe. In den folgenden Jahren fand er zu seiner wahren Bestimmung und schuf die passenden Köpfe für das Kasperspiel, die von den Gewandmeisterinnen Elisabeth Grünwaldt und Elfriede Kostors geschmackvoll eingekleidet wurden. Die schlichte, sehr wirkungsvolle Formgebung unter Einsatz von leicht karikierenden Anklängen wurde zum Markenzeichen der Eggink-Puppen.

FRAU AUS DEM VOLK
Handpuppe von Theo Eggink
für das Stück »Der Freischütz«
Hohnstein / 1948

BERGGEIST CUPRUS
Handpuppe von Theo Eggink
für das Stück »Der Goldzauber«
Hohnstein / 1954

THEO EGGINK
1901 – 1965

Nach dem Zweiten Weltkrieg setzten sich die Puppenspiele in der **Bundesrepublik Deutschland** nahtlos fort. Zerrissene Vorhänge und offenkundige Konzessionen an die Kulturpolitik des Nationalsozialismus wurden ganz schnell »ausgebügelt«. Für Reflektion war in der Not des Neuaufbaus keine Zeit.[6] Leider hatte auch in den Jahren zuvor nur eine Handvoll Spielerpersönlichkeiten den Mut, im Schutz ihrer Puppen stellvertretend Kritik an Missständen zu äußern.[7] Unter dem Begriff der »alten Volkskunst«, obwohl ab 1933 in Zusammenhang mit dem Puppentheater propagandistisch strapaziert, versammelten sich 1945 altbekannte wie neue Akteure hinter den deutschen Puppenbühnen. Bis in die 1960er Jahre gab es die formal gewohnte Trennung in Handpuppen- und Marionettentheater, wobei beide Spieltechniken im verdeckten Guckkasten ausgeübt wurden. Selten sprengten Neuerungen auf der Szene den üblichen Rahmen. Künstlerische Spitzenleistungen dieser Jahre beruhten meist auf nur einzelnen, herausragenden Inszenierungen von singulären Talenten, wie dem Heidekasper Walter Büttner oder dem Handpuppenspieler Rudolf Fischer, der sich vom Vorbild der Hohnsteiner emanzipieren konnte. Bei Büttners »Puppenspiel vom Doktor Faust« war packendes und impulsives Handpuppenspiel zu erleben, die Stilbühne bei Rudolf Fischer präsentierte ab 1951 das erst kurz zuvor erschienene Buch »Der Kleine Prinz«, fein dargestellt mit Handpuppen. Lediglich reduzierte Gesten unterstützten hier den Klang der Worte.

SEPPEL, KASPER, PRINZESSIN UND KÖNIG
Handpuppen von Theo Eggink
Kostüme von Elfriede Kostors und Ottilie Kürschner
Hohnstein und Essen / ca. 1955

TILL DE KOCK
1915 – 2010

FRITZ HERBERT BROSS
1910 – 1976

FRIEDRICH FALKNER
1905 – 1997

OSKAR PAUL
1918 – 1999

Wegweisend neu war allerdings die Rolle des Spielers als Erzähler vor der Bühne, indem Rudolf Fischer in persona mit der Puppe des Kleinen Prinzen kommunizierte. Diesen neuen Weg, die Offene Spielweise mit dem Puppenspieler als Partner der Figur, beschritt am konsequentesten und erfolgreichsten der Solomarionettenspieler Albrecht Roser (siehe Seite 52).

Als zweites Qualitätsmerkmal des westdeutschen Puppenspiels in der zweiten Hälfte des 20. Jahrhunderts gelten zweifelsohne die hervorragenden Arbeiten der fünf Holzbildhauer Theo Eggink[8], Till de Kock, Fritz Herbert Bross, Friedrich Falkner und Oskar Paul. Sie prägten das optische Erscheinungsbild, obgleich sich in vielen Fällen die Auftrag gebenden Bühnenleiter lange nicht dazu durchringen konnten, die Ausstattung auf der Puppenbühne als Gesamtkunstwerk zu verstehen. Dadurch konnte es passieren, dass hervorragend geschnitzte Puppen im schlechten Licht eines mangelhaften Bühnenbildes agieren mussten. Von den freischaffenden Puppenbildnern hatte lediglich Oskar Paul als Szenograf in Bad Tölz die Möglichkeit, bei jeder Inszenierung Puppen, Bühnenbild und Dramaturgie in seiner gestaltenden Hand zu bündeln und das Stück so aus künstlerischer Sicht zu formen. Allerdings fehlte es am »Tölzer Marionettentheater« an einem professionellen Spielerensemble. Der Düsseldorfer Jürgen Maaßen, Jahrgang 1954, hat die Traditionen der geschätzten Figurengestalter aufgenommen und weiterentwickelt. Ausgehend von bestechender handwerklicher Qualität formt er seit 1973 zeitgemäße Theaterfiguren als Auftragsproduktionen für die westliche Puppentheaterszene und garantiert damit die optische Qualität unzähliger Inszenierungen. Maaßen hat das Format, herkömmliche Kasperköpfe mit der gleichen Hingabe zu schnitzen wie exquisite Marionetten für ein anspruchsvolles Abendprogramm.

DAS LEBEN DER TOMANIS
nach dem Kinderbuch von Christine Nöstlinger
Szenenfoto aus der Inszenierung des »puppenzentrum frankfurt«
Frankfurt / 1981

Die gesellschaftliche Aufbruchstimmung der 68er Jahre brachte auch Bewegung in das zwar so bewährte, aber doch sehr eingleisige Vorgehen der Puppentheaterschaffenden in der Bundesrepublik. Die internationalen Braunschweiger und Bochumer Festivals wirkten nach, und dort Gesehenes regte zu eigenen Experimenten im westlichen Deutschland an. Erste Koproduktionen mehrerer Bühnen entstanden. Der durch Märchensujets oder Kasperspiele dominierte Kindertheaterspielplan wurde durch Stücke ohne Kasper aufgebrochen, seine Rolle und Funktion diskursiv hinterfragt.

Der Kasper ist tot, es lebe die Fantasie wurde zu einem provokanten Statement und erhitzte die Gemüter der Fachwelt.[9] In der Folge hielt ein in der Zeit stehendes neues Kindertheater und die emanzipierte Kinder- und Jugendliteratur, wenn auch zögerlich, Einzug in das Repertoire der Puppenspieler.

DIE ENTWICKLUNG DES PUPPENSPIELS IN DER DDR AM BEISPIEL VON CARL UND HENRIETTE SCHRÖDER
Vitrine in der Dauerausstellung mit Figuren, Fotos, Entwürfen und Regiebüchern

Nach der Gründung der **DDR** griffen staatliche Organe dort weitreichend in die gewohnten Wege – vornehmlich der traditionellen sächsischen Marionettenspieler – ein, wollten diese schnell auf die verordneten neuen Gleise marxistisch-leninistischer Kulturpolitik umsetzen. Das Repertoire dieser Traditionsbühnen wurde völlig in Frage gestellt. Der beim Publikum beliebte Spielplan aus bürgerlichen Lustspielen und romantischen Märchenstoffen wurde von der Zensur ausgedünnt. Neue sowjetische Spielstoffe fanden allerdings nicht so leicht Gefallen bei Arbeitern und Bauern im Publikum. Gut, dass wenigstens der »Stülpner Carl« als eines der beliebten alten Zugstücke weiterhin ins Konzept passte: Der historische Held war als freiheitsliebender Wilddieb ein früher Kämpfer gegen Obrigkeit und Feudalherren und galt als sächsischer »Robin Hood«. Viele traditionelle Marionettenspieler konnten und durften die neuen Wege ihrer Kunst, die ihnen am Herzen lagen, nicht mitgehen und bekamen keine weiteren Spielmöglichkeiten. »Von der Sowjetunion lernen …« sollten in erster Linie die flexibleren Handpuppenspieler und eine junge Darstellergeneration. Das spektakuläre Gastspiel des großen Zentralen Staatlichen Puppentheaters Moskau unter der Leitung von Sergej Obraszow im Jahr 1950 führte nach und nach zur Gründung von staatlichen und städtischen Theatern in der DDR, in denen die Obraszowsche Technik des Stabfigurenspiels im Kollektiv eingeführt wurde. Dabei standen mehrere Spieler zur Verfügung. Beim Ensemblespiel beteiligen sich viele Künstler an einer Vorstellung. So ist die Inszenierung aufwändiger Stücke möglich. Die Spieler können sich ganz auf ihre Kunst konzentrieren, da Organisation und Bühnentechnik in anderen Händen liegen. Für die ostdeutschen Puppenspieler ergaben sich völlig neuartige Arbeitsmethoden. Nachdem die private »Ehepaarbühne« Carl und Henriette Schröder 1961 ihren Spielbetrieb einstellte, setzte Carl Schröder zum Beispiel fortan Maßstäbe an der Spitze großer Mitarbeiterkollektive: Zunächst beim Trickfilmstudio der DEFA in Dresden und schließlich als Intendant am großen Puppentheater in Ostberlin. Als Figurengestalter nahm sich der ehemalige Handpuppenspieler Schröder den bevorzugten Stabfiguren an. So schuf er für fast alle institutionalisierten Puppentheater in Ostdeutschland aufwändige Ausstattungen in großer Dimension, wie zum Beispiel »Der fröhliche Totengräber« für das Staatliche Puppentheater Dresden, jener 1952 als allererste in staatlicher Trägerschaft gegründeten »Musterbühne«.

Die fachlich qualifizierten Mitarbeiterinnen und Mitarbeiter für diese neue vierte Theatersparte (Oper, Schauspiel, Ballett, Puppentheater) mussten eine fundierte Ausbildung erfahren. So wurde 1971 an der Ost-Berliner Schauspielschule Ernst Busch der Fachbereich Puppenspiel geschaffen. Doch mit dem Studium allein kam nicht automatisch die Kunst zum Vorschein, denn das Kindertheater sozialistischer Prägung bekam häufig einen didaktischen Stempel aufgedrückt, und die Puppenspieler hatten nicht immer alle Freiheiten. Am Puppentheater Waidspeicher mit einer kreativen Gruppe von Berliner Absolventen oder am Puppentheater Neubrandenburg mit dem künstlerischen Kopf Peter Waschinsky wurden ab 1976 äußerst sehenswerte Inszenierungen in einer neuen ästhetischen wie spielerischen Qualität herausgebracht. Hier wurde eine Tradition nicht weiter unreflektiert bemüht, nicht einfach das sowjetische Vorbild kopiert, sondern eine eigene Theatersprache für Puppen gefunden. Publikum, Presse und Wissenschaft setzten sich mit dieser Puppentheaterkunst neu auseinander. Traditionen wurden nicht länger romantisch verklärt, sondern vielmehr reflektiert und künstlerisch interpretiert.[10]

SILVESTER
Filmpuppe von Carl Schröder zur DEFA-Produktion »Die Streiche des Scapin«
Dresden / 1966

HASE CÄSAR mit Wolfgang Buresch
Handpuppe
von Anni Arndt
für den NDR
Hamburg / 1966

BELIEBTE TV-SERIEN TRAGEN SEIT 1953 ZUR POPULARITÄT DES PUPPENTHEATERS BEI. DIE STARS DES MUSEUMS VERSAMMELN SICH AUF DEM ▸

SCHILDKRÖTE ELVIRA KLAWITTER,
HUND KLAMOTTE UND HASE KLICKER
Marionetten aus der »Augsburger Puppenkiste«
von Hannelore Marschall-Oehmichen für das ZDF
Augsburg und Mainz / 1974

BERND DAS BROT
Mimikfigur von Georg Graf von Westphalen,
Ross Franks und Meewon Cho-Franks
für KIKA
Erfurt / 2002

KÄPT'N BLAUBÄR
Klappmaulpuppe
von Carsten Sommer
für den WDR
Köln / 1997

TELEMEKEL
Handpuppe
von Albrecht Roser
für den SDR
Stuttgart / 1963

HOHNSTEINER KASPER
Handpuppe
von Till de Kock
für den WDR
Bad Lauterberg und Köln / 1955

RABE RUDI
Klappmaulpuppe
von Peter Röders
für KIKA
Idstedt und Berlin / 1998

LI-LA-LAUNEBÄR
Klappmaulpuppe
von Dieter und Gisela Kieselstein
für RTL
Bochum und Köln / 1989

NSEHSOFA ZUM GRUPPENBILD:

ER SPATZ VOM WALLRAFFPLATZ
ierfigur
on Rudolf und Erika Fischer
ir den WDR
öln / 1969

HERR VON BÖDEFELD
Klappmaulpuppe
von Peter Röders
für den NDR
Idstedt und Hamburg / 1983

TOBBI UND ROBBI
Marionetten
von Albrecht Roser
für den WDR
Stuttgart und Köln / 1972

POPULÄRE MÄRCHEN – GANZ FRISCH
von Daniel Wagner, »Theater auf der Zitadelle«
Berlin / 2011

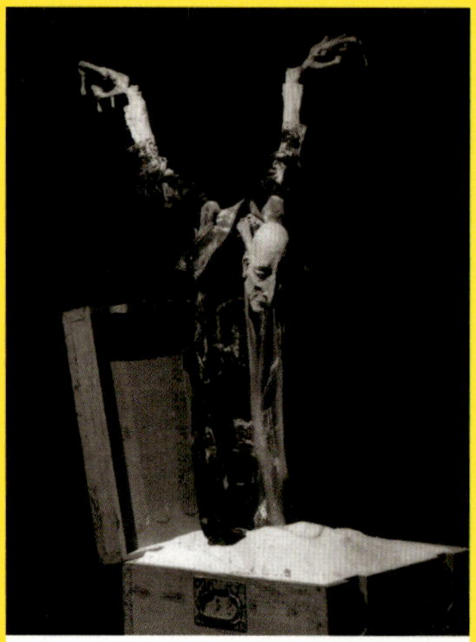

EXPERIMENTELLES FIGURENTHEATER
Frank Soehnle, »figurentheater tübingen«
spielt mit der Materialhaftigkeit des Genres
Tübingen / 2000

POETISCHES THEATER DER DINGE
von Annegret Geist, »Theater Geist«
Berlin / 2012

Im neuen Jahrtausend zeigt sich das Puppentheater auf neuen Wegen ebenso wandlungsfähig wie traditionsbewusst. Die Unterschiedlichkeit der Aufführungen wird nicht mehr an der verwendeten Figurentechnik festgemacht, sondern an der inhaltlich-ästhetischen Herangehensweise. Das moderne Theater mit künstlichen Darstellern bietet die zeitlosen Themen des realen Lebens an: Manipulation, Macht, Schöpfung und Tod. Das kann für Künstler wie Publikum spannend sein. Im **Experimentellen Figurentheater** wird dabei häufig der theatralische Prozess zum eigentlichen Thema, indem die Beziehung zwischen Objekt und Manipulator/Puppe und Spieler ausgeleuchtet wird. Das Publikum ist dicht dabei, wenn eine materielle Bühnenwelt entsteht und sieht sich als Beobachter eines Schöpfungsaktes. Für den erwachsenen Zuschauer stellt sich während der szenischen Darbietung im Angesicht der Puppe die brisante Frage nach den Machtverhältnissen. Wer ist stärker: Marionette oder Fadenzieher? Wann lebt das Objekt, wann ist es ein Zeichen für den einzig im Figurentheater so steigerungsfähigen aller Tode? Frank Soehnle, einer der ersten Diplomanden am Studiengang Figurentheater der Stuttgarter Hochschule für Musik und Darstellende Künste und heutige Lehrkraft, arbeitet in dieser Richtung. Ein internationales Festivalpublikum ist dafür offen, mit Soehnles Ensembles die szenischen Metamorphosen mitzuverfolgen und den verborgenen Geschichten hinter den Figuren auf die Spur zu kommen. Als eigener Zweig ging aus der »Stuttgarter Schule« das **Theater der Dinge** hervor: Jene »als ob« Theaterform, bei der Federn einen Schwarm Vögel darstellen können, Fensterkitt sich zum Korpus formen lässt oder die blinkende Taschenlampe einen verliebten Leuchtturm mimt.

Erfolgreiche Wege beschreiten auch jene, denen es auf Grund fundierter Ausbildung oder Begabung möglich ist, wertvolle literarische Vorlagen oder klangvolle Theaterwerke mit der spezifischen Ästhetik der **Puppenspielkunst** überzeugend zu inszenieren. Neue Sichtweisen auf das Allzubekannte der ursprünglichen Bühnenfassung lassen bei diesen überraschenden Neuadaptionen Zuschauer wie Rezensenten aufhorchen.

Die Mehrheit der Berufspuppenspieler im 21. Jahrhundert sucht und findet ihr Publikum im unterhaltsamen Stil und bietet **Populäres Puppentheater** in fantasievoller Vielfalt. Dabei gelingt vielen Theatermachern, ihre ganz individuelle Spielart »auf dem Markt« zu etablieren. Die Chancen dieser Art beruhen auf einem modifizierten Traditionsbewusstsein für eine der Wurzeln des Puppentheaters. Dessen ursprüngliche Stärke, das Theater für Alle, soll erhalten bleiben. So wird für alle Altersgruppen, an jedem erdenklichen Ort und für jede Bevölkerungsgruppe gespielt.

»Tradition« und »Innovation« sind im Theater keine Werte an sich. So kann im 21. Jahrhundert das Theater mit Puppen / Figuren / Objekten als etwas sich stets Verwandelndes erfahren werden, ein Wechselbad zwischen Absicht und Wirkung ist vorprogrammiert. Der Zuschauer kann an einem Tag ein bezwingendes Beispiel für avantgardistische Puppenspielkunst erleben, oder an eine belanglose Adaption eines Kinderbuches geraten. Bei nächster Gelegenheit lässt ein ambitionierter Künstler mit seiner Konzeption Leere aufkommen und bei den Zuschauern lediglich Unverständnis zurück, während ein harmloser Stücktitel sich plötzlich als besonders vielschichtige Interpretation entpuppt und jeder und jede im Zuschauerraum von Charme und Spielfreude angesteckt wird. Nur Eines ist sichere Tatsache: Ein ganz wahres, unverfälschtes Beispiel für **Traditionelles Puppenspiel** wird man zukünftig in der Bundesrepublik Deutschland nicht mehr erleben können. Die Familienmitglieder der echten Puppenspielerdynastien sind im Begriff, das Wissen und Können darum zu verlieren.

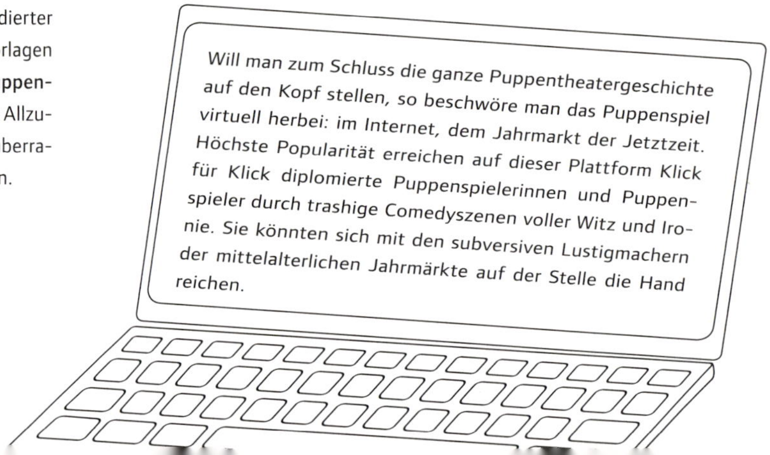

Will man zum Schluss die ganze Puppentheatergeschichte auf den Kopf stellen, so beschwöre man das Puppenspiel virtuell herbei: im Internet, dem Jahrmarkt der Jetztzeit. Höchste Popularität erreichen auf dieser Plattform Klick für Klick diplomierte Puppenspielerinnen und Puppenspieler durch trashige Comedyszenen voller Witz und Ironie. Sie könnten sich mit den subversiven Lustigmachern der mittelalterlichen Jahrmärkte auf der Stelle die Hand reichen.

SCHWARZE BAUCHTÄNZERIN
Marionette von Albrecht Roser
Stuttgart / 1970

Anmerkungen:

1 Heimatfilme wurden zu Titeln im Marionettenrepertoire, zum Beispiel »Das Schwarzwaldmädel« oder »Grün ist die Heide«.

2 Schlemmer bezeichnete sein Tanztheater als »Triadisches Ballett«. Eine Trias bildeten dabei die drei Tänzer / Spieler, drei Hauptfarben auf der Bühne stellten einen Dreiklang dar: zitronengelb, weiß und schwarz. Siehe auch: Die Avantgarde und das Figurentheater. In: Fischer, Karl Manfred (Hrsg.): PUCK – Das Figurentheater und die anderen Künste. Erlangen, 1993, S. 60 ff.

3 Nur der Zeitgenosse Ivo Puhonný in Baden-Baden ähnelte Paul Brann im Anspruch, ein künstlerisch hochstehendes Marionettenrepertoire zu etablieren. Förderung und Einengung ihres großen Marionettenapparates erlebten zwischen 1933 und 1945 »Gerhards Marionetten« (Wuppertal) und »Harro Siegels Marionetten«. Nach dem Zweiten Weltkrieg gibt es in Westdeutschland mehrere erfolgreiche Versuche an das Marionettentheater als Gesamtkunstwerk anzuknüpfen u. a. Walter Oehmichen in Augsburg, Franz-Leonhardt Schadt in München, Wolfgang Gerhards mit Fritz Herbert Bross in Schwäbisch Hall.

4 1995 endete mit dem Tod von Harald Schwarz die Existenz des Hohnsteiner Kaspers auf einer von Max Jacob legitimierten Berufspuppenbühne. Allerdings nehmen Amateure und reisende Puppenspielerfamilien ihn weiterhin als Prototypen des Kaspertheaters auf die Hand.

5 Die Theaterwissenschaftlerin und Puppenspielerin Silke Technau untersuchte die Bewegungsmöglichkeiten von schweren Jahrmarktspuppen und kleinerer Handpuppen nach Hohnsteiner Art. Vgl. Technau, Silke: Zu Besuch in der Kasperbude, Frankfurt am Main, 1992.

6 Erst 40 Jahre nach Kriegsende begannen Puppenspieler, sich mit ihrer Tätigkeit im Nationalsozialismus auseinander zu setzen. Vgl. Balsevicius, Kristiane: Erinnerung und Schmerz, Gespräche mit dem Puppenspieler Hans Scheu. In: Kolland, Dorothea und Puppentheater-Museum Berlin (Hrsg.): FrontPuppenTheater, Puppenspieler im Kriegsgeschehen. Berlin, 1997.

7 Ein Dokument aus dem Jahr 1933 rügt die nichtkonforme Spielplangestaltung des Marionettenspielers Karl Magersuppe. Siehe PuK-Archiv: Die Holzköppe, Steinauer Marionettentheater, Familie Magersuppe.

8 Wohl hatte Theo Eggink seine Schnitzwerkstatt weiterhin in Hohnstein / DDR, seine Puppen stellte er aber vornehmlich für die Hohnsteiner im Westen her.

9 P. K. Steinmann (1935 – 2004) brachte in der Bundesrepublik den Fachdiskurs über Formen und Inhalte unter seinen Kollegen in Gang.

10 Vgl. Brendenal, Silvia: Zur Theorie und Praxis des Puppentheaters in der DDR. In: Schneider, Wolfgang und Brunner, Dieter (Hrsg.): Figurentheater, das Theater für Kinder? Frankfurt am Main, 1994.

ALBRECHT ROSER spielt die Tänzerin Lu
Buoch / 2005
Marionette von Fritz Herbert Bross

MADE IN GERMANY:

TÜCHERMARIONETTE

Prof. Albrecht Roser (1922 – 2011), der weltweit anerkannte Marionettenfachmann aus Stuttgart und weitgereiste Künstler, war Zeit seines Berufslebens auf der Suche nach dem magischen Moment, bei dem aus der Marionette das in ihr vorhandene »Potenzial an Leben« spielerisch hervorgerufen wird. Dafür brauchte er weder aufwändige Bühnentechnik noch Bühnenbildillusionen, nein, er stellte die Marionette selbst in den Vordergrund. Diese maximale Wirkung durch die Fokussierung auf eine Solofigur hat Roser am Beginn seiner Laufbahn selbst erlebt. Als junger Kriegsheimkehrer besuchte er interessehalber das Stuttgarter Marionettentheater hinter den Kulissen. Dort wurde ihm die neueste Marionette in Gestalt einer geheimnisvollen Hexe vorgeführt. Diese Kunstfigur hat ihn dermaßen *verhext*, dass er sich an Ort und Stelle nach dem Namen ihres Schöpfers erkundigte, um bei eben diesem in die Lehre als Marionettenbauer zu gehen. Der Meister, Fritz Herbert Bross, hatte rückschließend auf die philosophischen Erklärungen »Über das Marionettentheater« von Heinrich von Kleist, ein lehrbares Marionettenbausystem gefunden. Hierbei wurde nichts dem Zufall überlassen, der Schwerpunkt im Becken der Marionette verhinderte unkontrolliertes Schlenkern der Glieder. Zappeln und Hüpfen waren verpönt. Durch die ausbalancierte Marionette wurden alle Bewegungen wiederholbar. Roser folgte Bross bautechnische Erfindungen aus Überzeugung, war aber daneben auf der Suche nach Eigenem auf dem Feld der Marionettenkonstruktion.

Bei der Kopf-Schultermarionette verzichtete er zu Gunsten ausdrucksstarker Kopf- und Armbewegungen völlig auf die durchkonstruierte Beinkette, steckten doch in einem langen Gewand genügend Bewegungsmöglichkeiten zum Laufen, Schreiten und Tanzen. Noch vereinfachter geht es bei seiner genialen Erfindung der Tücher-Marionette zu. Deren luftig angedeuteter Korpus besteht lediglich aus Tuch und Kugeln. Ingrid Höfer, die langjährige Mitarbeiterin im Studio Roser, charakterisiert die Tüchermarionette treffend als den »Gipfel der Einfachheit und Vielseitigkeit«. Dr. Angela Nestler-Zapp beschrieb die Wirkung 2007 treffend: »In höchstem Maße abstrahierte Verkörperungen von Tanz und Bewegung schuf er mit den Tüchermarionetten, deren phantastisch verblüffender Reigentanz durch die geniale Führung die formale Reduzierung vergessen macht.«

Materialliste:

- Das Wichtigste ist ein quadratisches Tuch (ca. 70 x 70 cm), möglichst ohne Musterung. Ideal ist ein leichter Stoff wie Seide oder Perlon. Man kann auch zwei sehr dünne, farblich aufeinander abgestimmte Stoffe übereinanderlegen, um so einen schönen Farbeffekt im Spiel zu erzielen.
- Im Fachhandel für Bastelbedarf werden eine große durchbohrte Holzkugel (Durchmesser 50 mm) und vier kleinere im Durchmesser von je 25 mm besorgt.
- Für das Führungskreuz wird ein hölzerner Rundstab (ca. 30 cm lang, 0,6 cm Durchmesser) und ein ca. 2 cm breites und 13 cm langes Stück Holz benötigt. Letzteres dient später als Querholz, weswegen in die Mitte ein Loch in der Stärke des Rundstabes gebohrt wird.
- Drei feine Nägel oder kleine Ringschrauben dienen zur späteren Befestigung der Fäden am Figurenkopf.
- Eine dünne, reißfeste Perlonschnur ist der Marionettenfaden.
- Außerdem: Nadel und Faden.
- Zur Sicherheit: Sekundenkleber und ein Stück Kork.

Und so geht's:

Es empfiehlt sich, zuerst mit kleinen Nägeln (oder Ringschrauben) die drei wichtigen Aufhängepunkte auf der großen Holzkugel zu bestimmen. Die Kopffäden befinden sich etwas oberhalb einer gedachten Mittellinie und müssen genau gegenüber liegen (Punkte anzeichnen, Löcher vorstechen, Nägel einschlagen). Mittig auf der Rückseite der Kopfkugel wird, diesmal etwas unterhalb der Mittellinie, die Befestigungsmöglichkeit für den Hinterkopffaden vorbereitet. Für das Führungskreuz werden, wie in der Zeichnung zu ersehen, Rundholz und Querholz zusammengesetzt und vier Fadenlöcher gebohrt.

Das Tuch bildet den Körper der Marionette. Das obere Drittel wird umgeschlagen und die Mitte der oberen Stofffalte markiert. Hier, sozusagen am »Hals«, ist genau der Punkt, an dem mit Hilfe eines angenähten Fadens der Stoff mit möglichst gleichmäßiger Faltung durch die große Holzkugel gezogen und dann mit einem Stück Kork im Loch der Kopfkugel fixiert wird. Entsprechend entstehen auch die »Arme« der Tücher-

ROBIN WALSH
amerikanische Meisterschülerin von Prof. Albrecht Roser, bei der Erprobung ihrer Tüchermarionette Buoch / 2004

marionette. Dafür wird jeweils rechts und links 5 cm oberhalb der entstandenen seitlichen Stoffzipfel das Tuch durch zwei kleine Holzkugeln durchgezogen, woraus sich zwei »Händchen« ergeben. Mit den kleinen Holzkugeln Nummer drei und vier entstehen am unteren Stoffrand die »Füße«. Zur Sicherheit werden diese Kugeln mit dem Stoffgewand vernäht (dazu die vorher gebohrten Löchlein verwenden!).

Nun beginnt der Akt des Aufschnürens. Als Erstes sind die Kopffäden an der Reihe, dann ein durchlaufender Faden, der von der linken Handkugel (Bohrloch) oben durch das vordere Loch am Führungskreuz hindurch zur rechten Handkugel führt und dort verknotet wird. Die Beinbewegungen ergeben sich aus den Handbewegungen im Passgang. Zuletzt schaft der vierte Faden eine Verbindung vom Hinterkopf zum Führungskreuz, wo er am hinteren Loch des Rundholzes aufgeknüpft wird.

Die erforderliche Fadenlänge wird durch die Körpergröße des Spielers bestimmt, denn in aufrechter Spielhaltung und mit rechtwinklig ausgestreckten Unterarmen soll die aufgebundene Fadenfigur mit ihren Fußkugeln den Spielboden berühren (bei Erwachsenen beträgt die Fadenlänge demnach ca. 50 cm und bei Kinder ca. 30 cm).

TIPP 1: Ist die Schnürung funktionstüchtig angebracht, bewahrt ein Tropfen Sekundenkleber am Knoten davor, dass dieser sich beim Spielen auflösen könnte.

TIPP 2: Der überraschende Bewegungsreichtum einer Tüchermarionette lässt sich spielerisch mit Musik und vor einem Spiegel herausfinden.

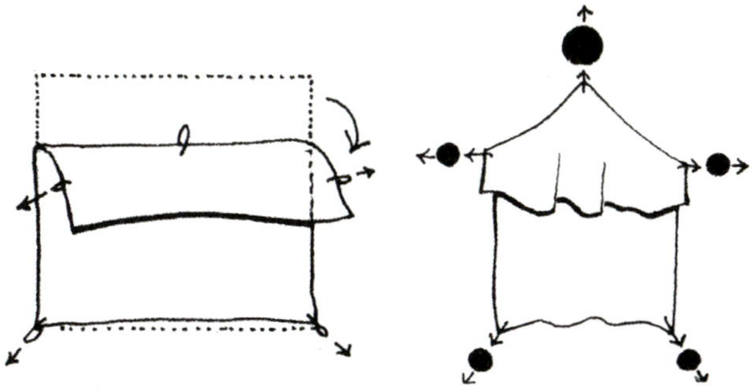

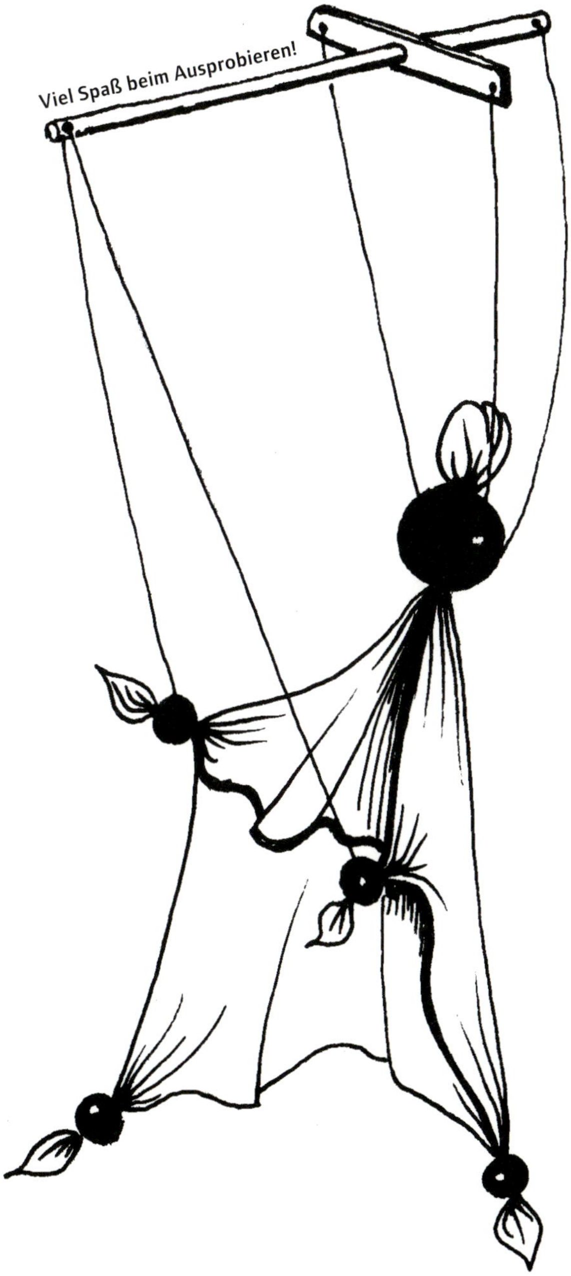
Viel Spaß beim Ausprobieren!

Zeichnungen: Albrecht Roser

MIT 80 FIGUREN
aus dem PuK
UM DIE WELT

MIT 80 FIGUREN AUS DEM PUK

Die ganze Welt ist eine Bühne. Auch heute ist das zeitgenössische Theater mit Puppen, Figuren und Objekten eine weltweite Erscheinung und wurzelt in den verschiedenen Kulturen in unterschiedlichen Traditionen. Die bildhafte »Sprache« dieses sich fortwährend erneuernden Zweiges der darstellenden Kunst wird über Grenzen und Länder verstanden. Zuvorderst wirken die tradierten »Rezepte« althergebrachter Volkspuppenspiele ähnlich zeitlos wie gute authentische Volksmusik. In den heiteren Grundton rasanter Szenenfolgen, wie er für alle europäischen und viele der asiatischen Puppenspieltraditionen typisch ist, mischt sich allerdings seitens Puppenspielforschung und Theaterwissenschaft zunehmend ein melancholischer Ton, werden doch die Auftritte der wahren und echten Puppenspielhelden seltener. Vereinzelt bedeutet der Tod eines Volkspuppenspielers sogar das Ende einer langen Traditionslinie und das Aus für die landestypische lustige Figur.[1]

2 ÖSTERREICH
links: Chorherr aus dem Priesterchor der »Zauberflöte« / Marionette aus dem »Salzburger Marionettentheater« / 1952
rechts: Prof. Hermann Aicher (1902 – 1977) bereiste mit seinen »Salzburger Marionetten« alle Kontinente und exportierte auf spielerische Weise Mozartopern in die ganze Welt.

1 CHINA
MINISTER / Stangenpuppe
Chaozhou / 1993

UM DIE WELT

Als Ursprungsländer des Puppenspiels gelten Indien, Persien und Griechenland. Dort verstanden sich schon vor der Zeitenwende Menschen darauf, tote Materie zur Erbauung oder Unterhaltung der Zuschauer zum Leben zu erwecken. Als traditionelles Medium ist die gestaltete Figur eine Metapher für den Schöpfungsvorgang. Hier wird »das Lebendige mit dem Vor-Lebendigen durch gegebenen Zufall und gesetzte Regel in dramatischer, bildnerischer und musikalischer Weise ineinander verwebt«[2].

Das fernöstliche China verfügt nachweislich über eine jahrhundertelange Traditionslinie beim Theater mit Puppen. Quellen belegen und beschreiben Inhalte, Puppen-Schauspieler und Darstellungsformen. In Neuseeland hingegen stand Puppenspiel im rein rituellen Kontext – der theatralische kam mit der Besiedlung durch die Europäer hinzu. Die lokale Puppentheatergeschichtsschreibung Neuseelands beginnt namentlich erst 1937.

Die UNESCO hat den Wert der Puppenspieltraditionen erkannt und 2003 begonnen, die wertvollsten unter ihnen mit dem Titel »Immaterielle Weltkulturgüter« zu schützen und so damit beizutragen, dass die Objekte (Figuren) und das dazugehörige spielerische Wissen erhalten bleiben.[3]

MULTIKULTURELLE PUPPENTHEATERWELT
links: Pamina aus dem »Salzburger Marionettentheater« trifft 1958 in Japan auf die Kunst des Bunraku.
rechts: Unverfälschte Tradition ist 2010 bei einem Europagastspiel des Nô-Theaters zu erleben.

INTERKULTURELLE BEGEGNUNGEN DER PUPPENSPIELKÜNSTLER
links: In seiner Performance mischt der japanische Künstler Hoicho Okamoto (1948 – 2010) Theatertraditionen seiner Heimat mit europäischen Formen.
rechts: Japanische Medien berichten 1993 über die Lehrzeit des Berliner Figurenbildners Ralf Wagner bei Meister Hyrakame in Osaka.

RUMÄNIEN
3 / 4 / 5 / 6 HÖLLENTIER / DIE LUSTIGE FIGUR VASILACHE UND SEINE FRAU MARIOARA / POPE
Handpuppen aus dem Theater von Gheorghe Mocanu / Bukarest / 1950

Viele Puppenspieltraditionen können mit Stolz auf einen landestypischen Spaßmacher verweisen, der das Spiel der Puppen im Land bestimmt(e), vorantreibt und publikumswirksam propagiert. Im ursprünglichen Emblem der internationalen Vereinigung der Puppenspieler und Figurentheater-Interessierten UNIMA wurde diesen Theaterhelden ein sympathisches Denkmal gesetzt. Schöpfer des Signets war ein Deutscher aus Baden-Baden: Ivo Puhonný (1876 – 1940), ein Pionier der Werbekunst in Deutschland. Der vielseitige Puhonný arbeitete als Werbegrafiker unter anderem für die Cigarettenfabrik A. Batschari; da er außerdem als vorzüglicher Gestalter von Marionetten für sein »Baden-Badener Künstlermarionettentheater« hervortrat, war er für das Erschaffen einer UNIMA-Grafik seinerzeit prädestiniert.[4] So grüßen im Zeichen der Union Internationale de la Marionnette der italienische Pulcinella, Mr Punch aus England, Guignol aus der französischen Seidenweberstadt Lyon, der kleine Kašpárek aus Tschechien, Kasperl Larifari aus München und der russische Petruschka.

In der UNIMA haben sich weltweit die Protagonisten der PuppentheaterKultur aus 54 Nationen zusammengeschlossen und bilden die älteste Theaterorganisation der Welt.[5] Das Bewusstsein um die Herkunft und den Wert der Traditionen des Genres geht heutzutage Hand in Hand mit einem multikulturellen Ansatz der Puppenspielkunst. Die Kulturen regen sich auf Reisen oder internationalen Events gegenseitig an, und so ist es nicht ungewöhnlich, dass ein Berliner Figurengestalter bei einem Meister der japanischen Puppenbautechnik in die Schule geht oder ein japanischer Künstler eine Synthese aus traditionellen Theaterformen seiner Heimat mit europäischen Elementen mischt, mit seiner Performance dann international reüssiert und von einem Festival zum anderen gereicht wird. Daneben ist wieder purer Traditionalismus zu erleben, tritt im Nô-Theater die originale Ästhetik der 600 Jahre alten japanischen Masken-Schauspiel-Kunst einem großstädtischen europäischen Publikum des 21. Jahrhunderts gegenüber.

Wer sich auf den folgenden Seiten nun auf die Reise begibt zu den klassischen Puppentheater-Traditionen Europas und Asiens, wie sie im Museum für PuppentheaterKultur präsent sind, dem seien zwei Gedanken mit auf den Weg gegeben. Erstens: In vielen der beschriebenen Länder haben sich, fußend auf den Traditionen oder ganz eigenen, unkonventionellen Pfaden, moderne Ausdrucksformen für ein zeitgenössisches Theater mit Puppen herausgebildet. Zweitens: Nicht selten sind von der ursprünglichen Kraft alter Volkskünste nur noch Rudimente auf Bühnen zu erleben, die heute weniger als lebendiges Volkstheater zu verstehen sind, sondern vielmehr eine Dienstleistung für Touristen darstellen.

DAS VEREINENDE EMBLEM DER INTERNATIONALEN PUPPENSPIELVEREINIGUNG
»Union Internationale de la Marionnette« aus deutscher Künstlerhand.
In der Gründungsphase der Organisation schuf der Baden-Badener Marionettengestalter und Grafiker Ivo Puhonný dafür das erste Signet.

7 GHANA
TRADITIONELLE AFRIKANISCHE MASKE
von J.C. Abbey / Accra / 1985

Aber in jedem Falle dienen Kenntnisse zum *Woher* und *Wie* des traditionellen Puppentheaters zu einem besseren Verständnis und Genuss aktueller Theatervorstellungen, bei denen mit Puppen, Masken oder Objekten agiert wird. Manchmal stellt sich heraus, dass eine aktuell-schräg daherkommende Performance bewusst oder unbewusst auf altbekannten Rezepten der alten »Puppenkiste« fußt. Davon lebt das Puppentheater weltweit.

Vor über 100 Jahren schickte Jules Verne in einem Roman seine literarische Figur Mr Fogg von London aus auf eine Reise um die Welt in 80 Tagen. Hier geht es nun, in Begleitung von 80 abgebildeten Figuren aus dem Fundus des PuK, rund um die Welt des Puppentheaters, so wie sie im Museum für PuppentheaterKultur zu Hause ist.

Anmerkungen:

1 Mit dem Tod des slowakischen Marionettenspielers Anton Anderle (1944–2008) ging die Geschichte des slowakischen traditionellen Marionettenspiels und seiner lustigen Hauptfigur Gasparko zu Ende. Das letzte öffentliche Gastspiel Anderles fand am 15.3.2008 im PuK Bad Kreuznach statt.

2 UNIMA 2000, Programmheft zum Weltfestival, Magdeburg, 2000, S.6.

3 Themenheft »Immaterielles Kulturerbe«, Zeitschrift UNESCO heute, Bonn, Ausgabe 1/2007. Das indonesische Wayang-Spiel, die »Opera dei Pupi« Siziliens, das japanische Bunraku und das Schattentheater der Khmer aus Kambodscha werden als zu schützende Formen aufgelistet.

4 Ivo Puhonný gründete sein Marionettentheater 1911. Mit seiner Frau Linda zeichnete er für die gestalterische Seite der Unternehmung verantwortlich, als Direktor und Sprecher des Theaters fungierte hauptsächlich der Schauspieler Ernst Ehlert.

5 Zur Historie der UNIMA siehe: Puppentheater international – International Puppettheatre – 50 Jahre UNIMA, Berlin (DDR), 1980. Aktuelles zur UNIMA siehe www.unima.org

SZENENFOTO AUS »FAUSTUS IN AFRICA«,
einer weltweit beachteten Inszenierung mit den Mitteln des zeitgenössischen Figurentheaters durch die »Handspring Puppet Company South Africa« / 1996

TSCHECHIENS NATIONALTHEATER MIT MARIONETTEN

Nicht zu Unrecht wird der Bevölkerung der tschechischen Republik eine hohe Affinität zur Kunst des Puppenspiels zugesprochen. Diese Zuneigung hat kulturhistorische Gründe, boten doch reisende Marionettenspieler als erste Unterhaltungskünstler Theatererlebnisse in der tschechischen Muttersprache an, nachdem bis Ende des 17. Jahrhunderts ausschließlich Theatertruppen aus dem Ausland in den böhmischen und mährischen Landstrichen der Tschechen gastierten. Durch die Verwendung des Tschechischen trugen die Marionetten zur Verbreitung von Muttersprache und Volkskultur bei und leisteten somit einen wertvollen Beitrag zur Herausbildung eigenständiger Traditionen sowie eines nationalen Selbstverständnisses der Tschechen. Im Wandertheater kamen die so typischen Marionetten mit »Draht im Kopf« zum Einsatz, die sowohl in regionalen Sagen und Stoffen auftraten, aber auch ebenso in aus dem Ausland adaptierten Klassikern zu Hause waren: »Don Juan« und »Doktor Faust«.

Von großer Bedeutung war der legendäre Komödiant Matěj Kopecký (1775 – 1847), der heute als »Urvater« des traditionellen tschechischen Puppentheaters verehrt wird. Noch bevor im Jahr 1881 der repräsentative Bau des ersten tschechischen Nationaltheaters in Prag eröffnet und somit der Wille nach Eigenart des tschechischen Volkes eindrucksvoll untermauert wurde, erfüllten Marionettenbühnen den Zweck eines »Nationaltheaters im Kleinen«. In den 1960er Jahren endete allerdings die Existenz von umherziehenden Marionettenspielerfamilien im Sinne Kopeckýs, und nur der Tschechoslowake Anton Anderle aus Banská-Bystrica belebte diesen historischen Zweig tschechischer Puppenspielkünste auf seine ganz persönliche Weise bis in das Jahr 2008, auch als erfolgreicher Spieler auf internationalem Parkett.

Die Größe hat Bedeutung! Im traditionellen tschechischen Marionettentheater waren Fürsten und Könige als große Figuren (bis zu 90 cm) gestaltet. Der kleine Kašpárek misst nur 33 cm und war trotzdem der große Held des Publikums.

14 SOLDAT SCHWEJK
Marionette von Michaela Bartoňová und Antonín Müller
Prag / 2005

15 KAŠPÁREK
Marionette der Firma Münzberg
Prag / 1930

16 UNGARISCHER FÜRST
Marionette von Móric Foukal
Tschechische Republik / 1925

8 / 9 / 10 / 11 / 12 / 13 RÜBEZAHL / BAUERSFRAU / ROKOKODAME / ROKOKOHERR / TEUFEL / RATSHERR
kleine Marionetten am Draht der Firmen Storch und Münzberg / Prag / ca. 1920

In der zweiten Hälfte des 19. Jahrhunderts führte die allgemeine Beliebtheit des Puppentheaters zur Entstehung zahlloser heimischer Miniaturbühnen in Wohn- und Kinderzimmern der tschechischen Bürger. Zu diesem Zweck wurden Puppen und Bühnenbilder in Serie produziert und eine Vielzahl von Bühnenstücken eigens hierfür publiziert. Künstler, Literaten und Gelehrte erkannten zunehmend den erzieherischen Wert des Puppentheaters und brachten das Marionettenspiel an die Schulen. Ab 1912 stellte die Firma Aleš Puppen her, andere Firmen zogen nach mit Puppenbau und Bühnenausstattung, was zu noch größerem Interesse an dieser Theaterart führte. In der ersten tschechischen Republik sollen 3000 Liebhaberbühnen bei nationalen, katholischen oder kommunistischen Vereinen bestanden haben.

Prag entwickelte sich zu einem Zentrum dieser Bewegung. Hier arbeitete die Redaktion einer Puppenspielzeitschrift (Loutkář), hatte die internationale Puppenspielervereinigung UNIMA ihr Zentralsekretariat und das Amateurtheater »Říše loutek« verfügte über ein »Reich der Puppen«, also einen permanenten Theatersaal, erbaut im Jugendstil.

Wie kam es nun aber zu der heutzutage so vielseitigen Szene des tschechischen Berufspuppenspiels? Bei der großen Liebe des Volks zur Welt des Marionettenspiels erscheint es fast kurios, dass das Theater von Josef Skupa (1892 – 1957) in Pilsen ab 1930 zunächst das einzige professionelle künstlerische Theater war und blieb. Allerdings wurden seine beiden Charaktere Spejbl (Vater) und Hurvínek (Sohn) so etwas wie Nationalhelden und agierten ab 1945 als Protagonisten eines Nationalmarionettentheaters in der Hauptstadt Prag und auf weltweiten Gastspielreisen. Prof. Dr. Jan Malik, eine weitere herausragende Persönlichkeit des tschechischen Puppenspiels, erreichte im Jahr 1948 die Gleichsetzung der Puppenbühnen mit dem großen Theater. In der Folge entstanden ein Studiengang an der Akademie der Künste (DAMU) und das Staatliche Zentrale Puppentheater (ULD) in Prag.

Neue Aufführungstechniken wurden entwickelt: Stabfigurenspiel mit großem Ensemble oder optische Effekte im Schwarzen Theater. Gegenwärtig verfügen zehn tschechische Großstädte über eigene professionelle Puppenspielensembles in festen Theaterhäusern.

Könnte der heute noch legendäre Professor Skupa seiner langjährigen künstlerischen Heimatstadt einen Besuch abstatten, würde er mit Zufriedenheit auf die blühende Puppenspiellandschaft Pilsens blicken. An erster Stelle steht das große Haus des »Divadlo Alfa«, in dem 50 ausgebildete Kräfte wirken. Zum Zweiten wurde in der historischen Altstadt ein Museum zur Geschichte des Puppentheaters eingerichtet. Und die Biennale »Skupova« macht Pilsen immer wieder zum spannenden Zentrum aktueller tschechischer Puppenspielkunst.

— AUDIOTIPP:

Kirschner, Miloš und Straka, Vladimir: Das Beste von Spejbl und Hurvinek, Hörspiele gesprochen von Miloš Kirschner und Helena Štáchová. Eine Produktion der Supraphon Prag.
Die Audio-CDs sind 2002 bei cbj Audio erschienen.

17 / 18 PRINZ UND PRINZESSIN
gedrechselte Kleinmarionetten
nach Entwürfen von Prof. Josef Jelínek
Prag / 1930

19 / 20 / 21 SPEJBL UND HURVINEK
IM HINTERGRUND GRÜSST FREUNDIN MANICKA
Marionetten aus der Werkstatt des Prager Marionettentheaters
Prag / 1970

PUPPENSPIEL IN ITALIEN VON NORD NACH SÜD

Eine Italienreise, 1200 Kilometer von Nord nach Süd, ermöglicht Begegnungen mit traditionellen Charakteren des Volkspuppentheaters.

Bereits in der Lombardei am Fuße der italienischen Alpen agieren in Bergamo die ersten skurrilen Gestalten. Die Helden des dort seit langer Zeit beheimateten Handpuppenspiels sind mit je drei Kröpfen am Hals versehen: Gioppino verkörpert mit Bauernschläue den Helden des Volkes. Ihm zur Seite steht seine Gattin »Margi«, am Hals nicht etwa geschmückt mit einer schönen Kette, sondern ebenfalls mit den typischen Kropfauswüchsen. Bergamo ist außerdem der Geburtsort einer weiteren Figur, des Brighella. Ursprünglich ein bäuerlicher Typ wie sein »Bruder im Geiste« Giopo, avanciert er später in entsprechender Livrée zum Diener und reiht sich fortan erfolgreich in die Personnage der traditions- wie variationsreichen Theaterform »Commedia dell'arte« ein.

Die klangvollen Namen der Ferraris und Monticellis stehen für traditionsreiche Familienverbände des italienischen Puppentheaters und wirken bis zur Gegenwart im wohlhabenden nördlichen Teil Italiens und den Kunst- und Kulturmetropolen Parma und Ravenna. Dort, in der Reggio Emilia, der Kornkammer Italiens, ist die Puppe des Sandrone populär, ein wohlhabender Bauersmann, ausgestattet mit weißer Mütze und wenig Verstand. »Große Oper« versprachen seit dem 19. Jahrhundert die Auftritte der Puppenspielerväter Italo Ferrari und Ariodante Monticelli, denn das gesprochene wie gesungene Italienisch schmiegte sich wunderbar zu den weit ausholenden, pathetischen Gesten ihrer Puppenhelden wie Sandrone oder auch Fagiolino (dt. Böhnchen), der vor allem die Menschen aus Bologna begeisterte.

Das verspielte Venedig auf der Apennin-Halbinsel, Heimat der miteinander verwandten Unterhaltungsformen Karneval und Commedia, lieferte die Vorlage, die Basis für Protagonisten, die für die Handpuppen- und Marionettenbühnen geradezu wie geschaffen schienen. Im 16. Jahrhundert entwickelte sich mit der venezianischen Form der »Commedia dell'arte« eine professionelle Ausprägung der Schauspielzunft, die wiedererkennbare Gestalten mittels Masken und feststehenden Verhaltensmustern präsentierte. Star des Ensembles: Arlecchino, ein den leiblichen Genüssen zugetaner, fröhlicher Geselle. Eine zweite Karriere eröffnete sich dem liebenswerten Kerl ab dem 18. Jahrhundert auf der kleineren Puppenspielbühne, wo er seinen Charakterzug und die äußerlichen Attribute, lustige Maske und Kostüm aus bunten Flicken, beibehielt. Und es ist fast grotesk, dass diese Theaterpuppe nunmehr doppelt Maske trägt, denn auf Arlecchinos Puppenmaske befindet sich zusätzlich die Theatermaske aus seiner »Schauspielkarriere« in der »Commedia delle maschere«.

Auch die Mitte Italiens hat ihre beliebten »Buffonen«, sprich lustigen Figuren. In Neapel wurde die südliche Form der »Commedia dell'arte« geprägt. Hier ist Pulcinella daheim und verkörpert einen Teil der neapolitanischen Volksseele: Gerne ist er laut und isst gern gut. Und fehlen ihm einmal die passenden Worte, so sind Gesten und Aktionen seine noch temperamentvollere Sprache. Auf der Puppenbühne erscheint Pulcinella in typischer Gestalt in einem weiten Kostüm aus weißem Stoff und schwarzer Maske mit hakenförmigem Schnabel. Auf seinem Holzkopf prangt eine hohe Mütze. So ausgestattet agiert er auf den Straßen und Plätzen Neapels. Der Handpuppen-Pulcinella, von »unten gefüttert«, vollführt oben auf der Spielleiste des Puppenkastens seine Späße und bringt die Neuigkeiten unter das Volk. So kannte einst auch der Italienreisende Johann Wolfgang von Goethe Pulcinella als »eine Art lebendiger Zeitung« und Zuträger für das »Fußvolk« vor der Bühne.

22 TRUFFALDINO AUS VENEDIG
Marionette von Barbara und Günter Weinhold / Berlin / 2008
Der Komödiendichter und Reformator der Commedia dell'arte Carlo Goldini hat Charakterzüge des Arlecchino auf seine Figur des Truffaldino übertragen. In der Marionettenfassung durch das »Hohenloher Figurentheater« agiert Truffaldino als »Diener zweier Herren« in der Kulisse von Venedig – stets auf der Suche nach herzhaften Genüssen.

Die Figur des Pulcinella war so erfolgreich, dass er als Darsteller nach England, Frankreich und Deutschland »exportiert« wurde und unter »Théâtre de Polichinelle« zum Namenspatron für französisches Handpuppenspiel avancierte. Fortan erfreute in Frankreich »Polichinelle«, auf der Insel wurde aus ihm ein Engländer namens »Mr Punch« und in Deutschland rief man ihn eine Zeit lang »Kasper Putschenelle«.

27 RITTER RINALDO
Stangenmarionette aus dem Theater von Giuseppe Argento
Palermo / ca. 1960

28 / 29 / 30 RITTER AUS MAGONZA / ASTOLFO, EIN FRANZÖSISCHER PALADIN / DAME
Stangenmarionetten aus dem Theater
von Giuseppe Argento / Palermo / ca. 1960

Weiter auf den Spuren des schon erwähnten Dichters und Theatermannes Goethe bis ganz gen Süden zum Stiefel, denn »Italien ohne Sizilien macht gar kein Bild in der Seele«, kann man sich dort seit 1823 davon überzeugen, wie volksverbundenes Marionettentheater aussehen kann. Die Opera dei Pupi existiert an zwei Standorten, Palermo und Catania. Pupi ist dem Lateinischen »pupus« entlehnt und steht für »kleines Kind«. Die Puppenspiele Siziliens stellen eine Sonderform des Theaters mit Marionetten dar. So klein sind die »pupi« allerdings gar nicht, wenn man bedenkt, dass die Rittermarionetten in Catania bis zu 1,40 Meter groß sind und jene in Palermo immerhin eine Höhe von knapp einem Meter aufweisen und bis zu fünf Kilogramm schwer sind. Geführt werden diese Kolosse von gestandenen Mannsbildern mit Hilfe von Eisendrähten und Schnüren von oben (Catania), oder wie in Palermo üblich, aus den seitlichen Kulissen heraus. Das auffälligste Gestaltungsmerkmal der sizilianischen Figuren sind die sorgfältig aus Metall getriebenen Rüstungen, Schilder, Helme und Schwerter. Derart ausgestattet agieren die Ritter in handfesten Dramen, die sich überwiegend aus den überlieferten Geschichten um die Gefährten Karls des Großen bei den Kämpfen der christlichen Paladine gegen die Sarazenen speisen. Besonders das altfranzösische Rolandslied mit der Hauptfigur des »Orlando furioso« (»Der Rasende Roland«), ein als Neffe Karls des Großen bezeichneter Ritter, bestimmt den Spielplan. Zur Umsetzung dieser Spiele besitzen die Akteure hinter den Kulissen keine Rollenbücher mit den zu sprechenden Dialogen, sondern ihre handschriftlichen Libretti. Darin finden sich Hinweise zur dramatischen Ausgestaltung der Szenenabfolge und Anhaltspunkte zur Gliederung des Geschehens in Akte sowie wichtige Hinweise zu spielerischen Höhepunkten. Damit – verbunden mit der jahrelangen Spielpraxis und dem Wissen um die Tradition – sind die Marionettenspieler bestens gewappnet, um die Erwartungshaltung des Publikums zu erfüllen.

Leicht erkennt der Stammzuschauer die handelnden Figuren: Die Christen haben ihren Platz stets links vom Zuschauer, die orientalischen Gegner erscheinen immer von der rechten Seite. Kostümiert sind die maurischen Sarazenen mit Turban und Pluderhosen im türkischen Stil. Die christlichen Ritter tragen die schon erwähnten Ritterrüstungen, jeweils mit einem individuellen Zeichen auf Schild und Brustpanzer. Die Ornamente sind in allen Theatern die gleichen. So steht zum Beispiel ein Löwe auf der metallischen Kampfausrüstung immer für Rinaldo. All

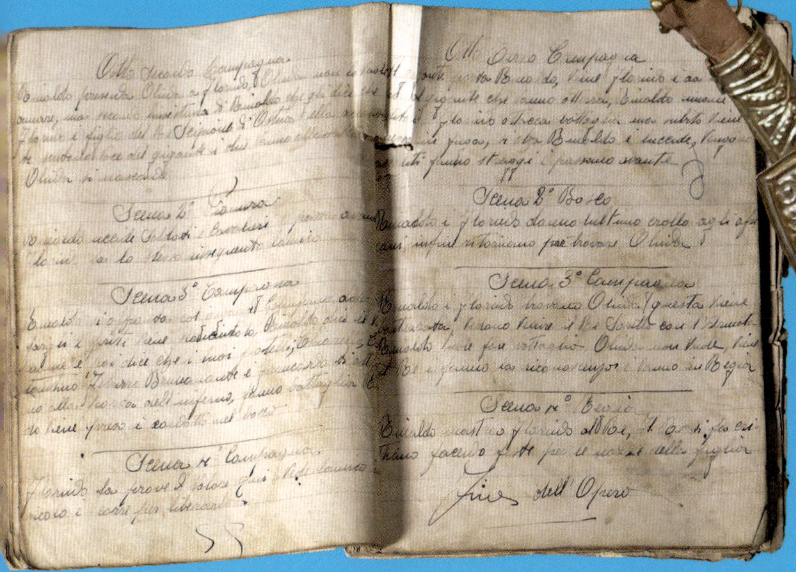

HANDGESCHRIEBENES TEXTBUCH MIT SZENENANWEISUNGEN
aus dem Theater von Giuseppe Argento / Palermo / ca. 1950

31 SARAZENE
Stangenmarionette aus dem Theater von Giuseppe Argento
Palermo / ca. 1960

diese Komponenten machen die »Opera dei Pupi« zu einem Spektakel mit rituellen Grundzügen, welches stets in populären Schlachtszenen gipfelt. Das massenhafte Kampfgetümmel mit den gepanzerten Marionetten wird von einer heftigen Geräuschkulisse begleitet. Diese setzt sich aus den Klängen des mechanischen Orchestrions vor der Bühne, Bravorufen gepaart mit Szenenapplaus des Auditoriums und lautstarkem Stampfen zusammen. Letzteres wird hinter den Kulissen von den Puppenspielerfüßen mittels Holzpantine erzeugt und dient der akustischen Verstärkung von Säbelrasseln und Schwerthieben auf der Puppenbühne.

Die charakteristische Sozialform des sizilianischen Puppentheaters in den Städten Palermo und Catania ist die eines Familientheaters. Die erforderlichen Tätigkeiten bei Figuren- und Kostümherstellung, Bühnenausstattung, Spielleitung und Puppenführung werden vom Impresario auf die Familienangehörigen verteilt, die ein breites Spektrum handwerklicher und künstlerischer Fertigkeiten vermittelt bekommen.

Für Sizilianer sind die Geschichten der »Opera dei Pupi« indes kein »alter Stiefel«, sondern sie bringen sich ein, kommentieren die Aktionen mitunter während der Vorstellung und diskutieren das Gesehene nach der Aufführung auf der Piazza vor dem Spiellokal. Der ehemalige Direktor des Internationalen Marionettenmuseums Palermo und Fachmann für das sizilianische Puppenspiel meint, das dortige Theater habe, obwohl der historische Kontext des Ritterdramas weit in der Vergangenheit zurückliege und somit dem einheimischen Zuschauer eher fern sei, eine soziale Funktion, indem die Eisendrahtpuppen mit ihrem Kampf zwischen Gut und Böse dem Publikum den Spiegel vorhalten und jeder Sizilianer »die Widersprüchlichkeiten in seinem eigenen Leben, seine Hoffnungen, Kämpfe, Siege und Niederlagen auf der Bühne vorgeführt« bekomme.

TIPP FÜR ITALIENREISENDE:

Puppentheatermuseum Parma, Il Castello dei Burattini/Museo Giordano Ferrari, Strada Macedonia Melloni 3.
Marionettenmuseum Palermo, Museo Internazionale delle Marionette Antonio Pasqualino, Piazetto Antonio Pasqualino 5.

MR PUNCH FROM ENGLAND

Im Showbusiness des Königreichs England ist Mister Punch seit Jahrhunderten eine Figur mit großen Starqualitäten. Und das, obwohl er weder von Geburt Engländer ist noch vom Charakter her ein englischer Gentleman. Ganz im Gegenteil, seiner Abstammung nach ist Punch »Italiener«, importierte doch im Jahr 1662 ein Artist aus Bologna eine Marionette namens »Pollicinella« vom Kontinent auf die Insel. Als nach dem ernsten republikanischen Regiment unter Kanzler Cromwell wieder royale Zeiten anbrachen, stürzte sich das Volk samt neuem König mit Freude auf Darbietungen in Straßen, Plätzen und Parks. Da kam dieser »Pollicinella« oder »Punchinella« oder kurz und gut »Punch« wie gerufen.

Vier Jahrhunderte hindurch zeigte sich dieser PUNCHinello zwar beständig als Entertainer, doch war seine Performance stetem Wandel unterworfen. Es liegt wahrlich in und auf der Hand, dass seine Umwandlung von der Fadenfigur zur Handpuppe im 18. Jahrhundert fortan die dramaturgischen Möglichkeiten des Punch-Theaters bestimmte. Nun war Mr Punch in der Lage handgreiflich zu werden: mit seinem Puppenärmchen plus überdimensionalem Schlagwerkzeug ficht er seitdem so manchen beeindruckenden Kampf aus gegen Obrigkeiten und andere Quälgeister, namentlich Polizist, Henker und Tod. Auch seine Nächsten bleiben von den schlagkräftigen Aktionen dieses Punch nicht verschont. Das ewig schreiende Baby – immerhin der legitime Spross von Punch und seiner Frau Judy – wird vor Publikum in hohem Bogen aus dem Fenster in die Themse geworfen; und das zur größten Freude der Zuschauer.

Da ein Handpuppenspieler gleichzeitig zwei Personen überzeugend auftreten lassen kann, wurde Mr Punch als flexible Onemanshow organisiert und lediglich aufgepeppt durch Unterstützung eines Musikanten. Schnell und unaufwändig konnte Mr Punch in einer schmalen Handpuppenbude an jeder Straßenecke Londons oder in einer der neuen englischen Industriestädte auftauchen und seinen Ruhm als »everybody's Bühnenliebling« ausbauen. Und die Massen sahen begeistert zu, wie ihre Alltagssorgen im Kleinen grotesk überspitzt dargestellt wurden. Es galt und gilt noch heute die Formel: Je grotesker und größer der Fun, desto mehr Pennymünzen wandern als Zuschauerobolus in den umher gereichten Sammelteller oder Komödiantenhut.

Der Aufstieg von Mr Punch zur Kultfigur lässt sich an verschiedensten Parametern festmachen. So wurde eine satirische Zeitschrift nach ihm benannt; dieses Blatt namens »Punch« wurde ab 1841 bis 2002 herausgebracht. Ende des 20. Jahrhunderts gab es auch das emanzipierte Gegenmagazin: natürlich »Judys«. Doch Punch rühmt sich auch als Namensgeber für zünftige Pubs, Opernlibretti, Süßigkeiten, Kindergärten und Bestandteil wie Urheber treffender Sprichwörter.

Etliche Momente so genannten echten britischen Humors sind auch heute noch in den zeitgenössischen »Punch and Judy Shows« zu erkennen und erleben. Schwarzer Humor blitzt auf, überlistet der Tod den Henker dazu, sich selbst am Galgen aufzuknüpfen. Vor dem Tod macht dieser Humor nicht Halt. Und wenn Punchinterpreten, die sich als »Professoren« in einer Gilde zusammengefunden haben, noch dazu gut in Form sind, bereichern listige Wortspiele zu tagespolitischen Ereignissen gar als besondere Würze die Szenenabfolge. In einem Punkt jedoch ist sich der mobile Mr Punch nicht treu geblieben: Er, der seinem Publikum stets auf den Fersen ist und ihm zu den jeweiligen Stätten seiner Vergnügungssucht gefolgt ist, hat einem Trend nicht nachgegeben. Jahrzehntelang haben die Engländer ihre Sommerferien treu an den Badeorten des Landes verbracht und dort traditionell am Strand eine »Punch and Judy Show« zur Belustigung aufgesucht. Heute jedoch ist »Mr Punch seaside« nur noch punktuell anzutreffen. In die Urlaubsziele der Briten auf den Kontinent und nach Übersee ist er ihnen (noch) nicht gefolgt!

Kleines Punch-Wörterbuch für Englandreisende:

ENGLISCH
Punch
to punch
to punch beyond one's weight
punchline
as proud as Punch
to be as pleased as Punch
to have punch
»Punch and Judy« politics

32 / 33 / 34 MR PUNCH MIT BABY UND SEINER FRAU JUDY
Handpuppen aus dem Theater von John Styles
Sidecup/Kent / 1937

35 CLOWN JOEY
(benannt nach dem legendären Joey Grimaldi, dem Urvater britischer Clownspantomimen)
Handpuppe aus dem Theater von John Styles
Sidecup/Kent / 1937

DEUTSCH
Kasper
schlagen
unerwartet stark auftreten
Pointe, oder auch der Schlagstock des Punch
stolz wie Oskar
sich freuen wie ein Schneekönig
Biss haben
Politik wie im »Kindergarten«

36 / 37 TOD UND POLIZIST BOBBY
Handpuppen aus dem Theater von John Styles
Sidecup/Kent / 1937

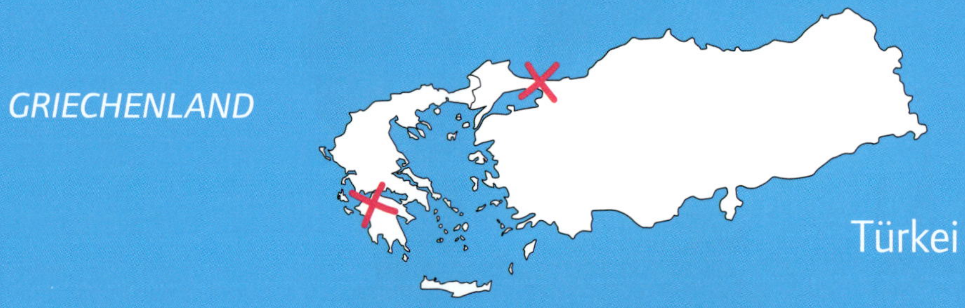

TÜRKISCHE SCHATTENSPIELEREIEN
(UND GRIECHISCHE AUCH)

Sie sind legendär, die beiden Helden des türkischen Schattenspiels, Karagöz und Hacivat. Und sie sind es bis auf den heutigen Tag, wenn sie in Istanbul, Ankara oder in der Provinz von einem der Karagödschi, dem türkischen Schattenspieler, auf der kleinen Leinwand seiner Bühne zum Leben erweckt werden.

Erzählenswert ist die Legende von der Entstehung dieser Theaterform. Sie spielt zur Zeit der Osmanen, als die Türkei noch nicht nach Europa strebte, sondern von einem Sultan regiert wurde. Belegt ist sein Name, Sultan Orhan, bekannt sind seine Lebensdaten: 1326 bis 1395. Ob dem wirklich so war, dass der Sultan aus Ärger und Empörung über die langsamen Handwerker beim Bau einer Moschee den Maurer Hacivat und den Schmied Karagöz erhängen ließ, ist nicht verbürgt. Um so schöner die Geschichte, dass er alsdann die verkleinerten Umrisse der beiden Hingerichteten auf einer Leinwand erscheinen ließ, weil man die faulen, aber allseits beliebten Handwerksburschen und ihre Späße vermisste. So beginnt laut Überlieferung das zweite und bis heute dauernde Leben der beiden hochgeschätzten, beliebten Spaßmacher. Die türkische Schattenfigur wird in der Regel durch den Spieler selbst hergestellt, dünnes Kamel- oder Rindsleder findet dabei Verwendung. Auf den ersten Blick ist ihr ästhetischer Reiz nicht leicht zu erkennen; sie wirkt unscheinbar. Aber bei Lichte betrachtet, gibt die braune Lederfigurine ihre leuchtend-farbige Gestaltung preis, bestechend auch Details der Gewänder, die durch Löchlein und kleine Aussparungen bei der Herstellung akzentuiert wurden. Jede dieser Schattenpuppen besitzt aber auch ein größeres, technisch bedingtes Loch im Körper. Dieses »Loch« dient zur Fixierung des Stabes, an dem der Schattenspieler seine Figur hält, sie gegen den Spielschirm drückt und seine Spielimpulse überträgt: Karagöz und Hacivat werden lebendig!

Da neben der Spieltechnik auch die Ausstattung der Bühne ohne technische Finessen auskommt, begründet sich die Beliebtheit der türkischen Schattenspiele maßgeblich im musikalisch-rhythmischen Können des jeweiligen Puppenspielsolisten und seiner Gabe, überraschende Situationskomik und Wortgefechte in das Spiel einzubauen. Wiedererkennungseffekte und wirkungsvolle Gegensätze sind die Rezepte der Volkspuppenspieler – überall auf der Welt. Ein pfiffiger politischer Seitenhieb des Volkstribuns Karagöz wird nie seine Wirkung verfehlen, denn der Spieler hinter ihm wird ihm stets Worte in den Mund legen, die das Volk versteht.

Hacivat, der Antipode zu Karagöz, versucht sich dagegen im Idiom der höheren Schichten oder zitiert poetische Verse, wenn er nicht in einer Melange aus Osmanischer Hofsprache, Persisch und Arabisch zu den anderen Mitwirkenden oder den Zuschauern spricht. Die anderen Figuren sind traditionelle Typen, die schon im Osmanischen Reich eine

42 / 43 FEINE DAME ZENNA UND HERR CELEBI
Schattenfiguren von Kurt Orhan / Istanbul / 1989

38 / 39 KARAGÖZ UND HACIVAT
Schattenfiguren von Kurt Orhan
Istanbul / 1989

40 ZWERG BEBE RUHI
Schattenfigur von Kurt Orhan
Istanbul / 1989

41 ANATOLISCHER BAUER
Schattenfigur von Kurt Orhan
Istanbul / 1989

Rolle gespielt haben: Kaffeehausbesucher oder Kurtisanen der Großstadt Istanbul, bärenstarke Holzfäller aus dem ländlichen Anatolien, Perser von jenseits der Grenzen oder andere eingewanderte, nichtmuslimische Minderheiten. Karagöz selbst ist übrigens auch einmal ausgewandert: In abgewandelter Form als Karagiozis, hat er sich bei den griechischen Nachbarn niedergelassen.

Bevor nun aber das Licht der Glüh- oder Öllampe erlischt, der Karagödschi seine circa zwanzig Zentimeter kleinen, flachen Darsteller auf dem Spieltisch niederlegt und die Leinwand aus ägyptischer Baumwolle bis zum nächsten Auftritt von Karagöz und Co. dunkel bleibt, möge eine der wissenschaftlichen Theorien der Schattenspielforschung die Herkunft des türkischen Schattenspiels erhellen. Vermutlich erlebten Osmanen Schattenspiele in Ägypten, als sie das Reich am Nil im 16. Jahrhundert eroberten. Unstrittig ist der Siegeszug des Karagöz-Theaterspiels, der ungebrochen dafür gesorgt hat, dass es bis heute seine besondere Wirkung entfalten kann, bis hin nach Hellas.

Die stolze griechische Bevölkerung stöhnte lange unter der Vormundschaft durch die osmanische Herrschaft aus dem Nachbarland Türkei. Obwohl das Verhältnis der beiden Länder bis heute als nicht frei von Spannungen gilt, wurde ein sympathischer Bestandteil der türkisch-muslimischen Kultur erfolgreich in die hellenistische Volkskultur integriert: das Schattenspiel.

In Patras nahm sich der Grieche Dimitrios Sardounis dieser Spielform an und der originäre Türke Karagöz erschien dem griechischen Volk als armer, buckliger, stets barfüßiger Grieche namens Karagiozis auf der Bühne. Gegenspieler, Freund und Kumpan von Karagiozis ist in einer Person und bei allen Aufführungen Hadjiavatis, ganz klar die eingebürgerte türkische Schattenfigur namens Hacivat. Für die kleinen wie großen Zuschauer in Griechenland haben Karagiozis trickreiche Kämpfe gegen die Vertreter des türkischen Beamtentums im Spiel keinerlei Schatten auf seinen Charakter geworfen. Im Gegenteil: Er wurde dadurch erst richtig populär.

Randnotiz: Die Entscheidung der UNESCO im September 2009, das Karagöz-Theater in die Liste des türkischen Kulturerbes aufzunehmen, löste in Griechenland laut vernehmbare Proteste aus. Der Bruderzwist zwischen Karagöz und Karagiozis spielt sich auch zukünftig unter Beteiligung des parteiischen Publikums ab, nicht nur auf den Schattenbühnen.

PLAKAT ZU EINER AUFFÜHRUNG DER GRIECHISCHEN SCHATTENSPIELER EVGENIOS UND FANI SPATHARIS
Mytilini / Insel Lesbos / 2011

LITERATUREMPFEHLUNG:

Ramm-Bonwitt, Ingrid: Figurentheater – Lebendige Tradition des Puppen- und Schattenspiels in Asien, Stuttgart / Zürich, 1991.

BUNRAKU-KUNST

Japan ist mit Recht stolz auf die Tradition seiner besonders hoch entwickelten und formvollendet in Erscheinung tretenden Theaterformen. Eine davon ist das Bunraku, eine klassische Puppentheaterform, die sich bereits im ausgehenden 17. Jahrhundert in Osaka entwickelt hat und zwar so erfolgreich, dass Puppen in ernsthafte Konkurrenz zum Kabuki-Schauspieltheater treten konnten.

Völlig unbeeinflusst von den handfesten Rezepten und einfachen Stilmitteln europäischer Puppenspieltraditionen, natürlich auch bedingt durch die Insellage Japans, wurde eine gänzlich eigenständige Tradition der Figurentechnik und Dramaturgie für die Bühne entwickelt.

Drei in schwarze Kimonos gehüllte, sind als sichtbare »Unsichtbare« für die Führung der großen Figuren verantwortlich. Inhaltlich bedient man sich bis heute zum Teil der Stücke aus der Feder von Chikamatsu Monzaemon (1653 – 1725), Bühnendramen mit historischen Themen oder hochemotionalen Abläufen. Der japanische Theatergast erkennt in Monzaemons Werken moralische Fragen der Gefühlswelt seines Volkes wieder und sieht in den Bunraku-Gesten Charakterstudien für menschliche Wesen im Kampf zwischen Gut und Böse, dem Hin und Her von Neigung und Pflicht, Edelmut und Zwielicht.

44 BUNRAKU-FIGUR OSONO
Osaka / 1970

Zu diesem Theater im großen Stil tragen Künstler auf drei Ebenen bei. Von ihrem Zusammenspiel hängt das Gelingen der Bunraku-Aufführung ab. Repräsentant der hoch entwickelten Rezitationskunst ist der Taju, der als Erzähler über mehrere Stunden und in unterschiedlichsten Tonhöhen alle Texte der Figuren spricht. Musikalische Unterstützung erfährt die Rezitation durch den zweiten beteiligten Künstler, einen Musiker, der auf dem Saiteninstrument Shamisen Töne zum Spiel der Bunraku-Puppen beisteuert.

Die Figuren selbst sind schon durch ihre Größe (circa 1,50 Meter) und ästhetische Ausführung beeindruckend, steigern aber ihre Wirkung noch durch eingebaute technische Finessen, die von zupackenden Fingerchen bis zu herunterklappbaren Unterlippen und beweglichen Augenbrauen reichen können. Diese Meisterschaft der Konstruktion tritt besonders in Erscheinung, wenn sich Sonderfiguren des Bunraku als beeindruckende Metamorphosen entpuppen. Eine Frauenfigur verwandelt sich auf offener Bühne, wird zur dämonischen Geistergestalt mit Hörnern, spitzen Zähnen und blutunterlaufenen Augen. Dies alles aber bliebe bloße Maschinenmechanik, wenn es den drei Spielern der Puppe nicht gelänge, erhabene Gefühle und atemlose Dramatik auf die Figur zu übertragen.

Hinter diesen perfekten Bewegungsabläufen steht eine streng hierarchisch geordnete Aufgabenteilung: Der Puppenspielmeister A führt den ausdrucksvollen Kopf und den agilen rechten Puppenarm, ein anderer Puppenspieler B ist für den linken Arm zuständig und Spieler Nummer drei C sorgt in gebückter Haltung an der Figur für Schritte und Beinführung.

A
B
C

44 BUNRAKU-KOPF OSONO
Osaka / 1970

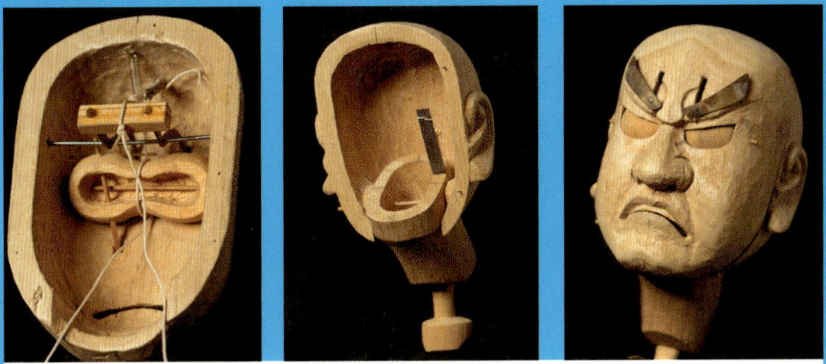

45 BUNRAKU-KOPF MIT INNENLIEGENDER AUGENMECHANIK
Ralf Wagner, nach Anleitung des japanischen Meisters Hyurakame
Awaji / 1993

46 NÔ-MASKE
Tokio / 1988

Bei Gastspielen in Europa erkennt der Theaterbesucher stets die hoch entwickelte Kunstfertigkeit des komplexen Geschehens aller bekannten japanischen Theaterformen an, sei es nun das sehr alte Nô-Maskenspiel, das Figurentheater Bunraku oder ein Schauspiel im Kabuki-Stil. Die in der jeweiligen Aufführung innewohnende Symbolkraft bestimmter überlieferter Gesten oder festgelegter Posen der Darstellung bleiben aber des Öfteren unentschlüsselt und Nicht-Japanern fremd. Da deutet eine Puppenhand dreimal in die Gegenrichtung: Der Unbedarfte sieht nur die Geste, der kundige Zuschauer jedoch erkennt in diesem Fingerzeig eine Palette von Gefühlsausdrücken der Puppenphysis, mit der Aussage »ich kann und will das nicht länger ertragen«.

Über allem aber steht die weltweite Anerkennung all der dramatischen Künste Japans, die sich in der Zuerkennung des Weltkulturerbe-Titels der UNESCO für das Bunraku-Puppenspiel ausdrückt.

In der westlichen Welt haben die Anhänger anthroposophischer Bildungsauffassungen die Dreiteilung der japanischen Theaterform übernommen und zeigen klassische Märchenstoffe in einer dramatischen Form, wie sie im Bunraku üblich ist. Einem stummen Bewegungsspiel von Figuren oder Marionetten wird Musik und ein Erzähltext zur Seite gestellt. Idealerweise kommt es dabei auch zu einer künstlerischen Einheit des Dargestellten auf hohem Niveau.

_ LITERATUREMPFEHLUNG:

Adachi, Barbara: The Voices and Hands of Bunraku, Kodansha International, Tokyo, New York, San Francisco, 1978.

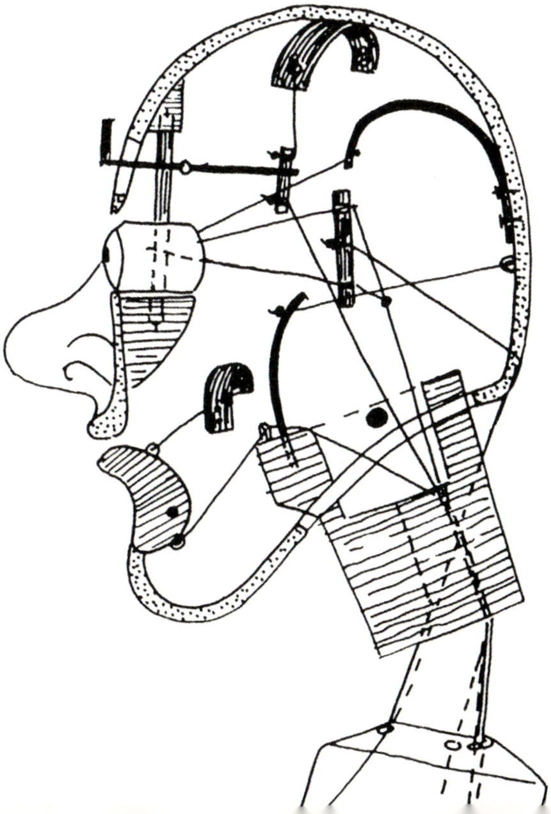

ZUG UND GEGENZUG:
Die innenliegende Kopfmechanik ermöglicht das Bewegen von Augen, Augenbrauen und Lippen mittels Schnurzügen. Stahlfedern bringen die einzelnen Teile immer wieder in die Ausgangsposition zurück.

Zeichnung: Hans-Jürgen Fettig

Indonesien

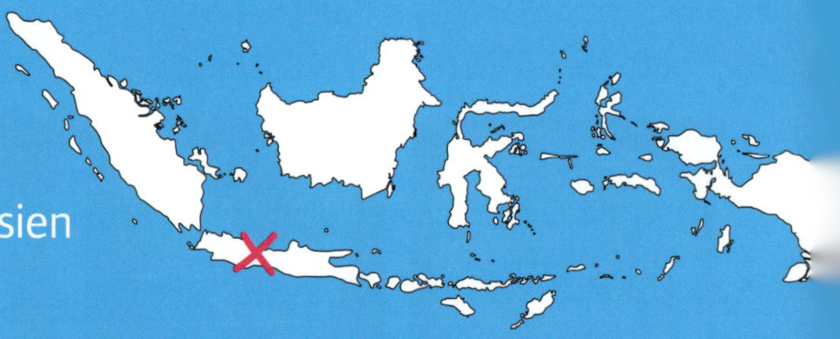

SPIEL DER PUPPEN UND SCHATTEN

Die Fahrt über das Meer führt zur indonesischen Inselkette mit Java, Bali und Lombok, der Heimat jener Theatertradition, bei der sich der rituelle wie religiöse Ursprung des Spieles mit Figuren vielschichtig nachvollziehen lässt. Nirgendwo sonst ist die interessante Wandlung von Form und Inhalt des Theaters infolge von Änderungen der Glaubensausrichtungen der Inselbevölkerung so deutlich festzustellen. Die Ureinwohner nutzten Schatten, auf Javanisch »Wayang« genannt, zur Beschwörung von Geistern, um so die Ahnen wieder ins Licht zu holen und deren Hilfe zu erbitten.

Der aus Indien auf die indonesischen Inseln kommende Hinduismus-Glaube bereicherte die Schattendarbietungen fortan um Erzählungen vom indischen Kontinent, brachte Balinesen und Javanern den reichen Geschichtenschatz des Mahabharata und Ramayana als wirkungsvolle Libretti für das indonesische Spiel der Puppen und Schatten:

Prinz Rama, von seinem Vater zum Thronfolger bestimmt, fällt einer Intrige zum Opfer und muss für vierzehn Jahre in die Verbannung; indessen besteigt sein Halbbruder den Thron. Ramas Frau Sinta und sein Bruder Lesmana begleiten Rama in die Waldeinsamkeit. Dort verliebt sich die Schwester des Riesenkönigs Rahwana in Rama, wird jedoch von ihm abgewiesen. Aus Rache entführt Rahwana Sinta. Mit Hilfe seines Bruders, des Affenheeres unter Hanoman und des Garuda-Göttervogels Jatayu gelingt es Rama, Rahwana und seine Sippe zu besiegen und Sinta zu befreien. Nun steht einer glücklichen Heimkehr nichts mehr im Wege, und Rama wird zum König gekrönt. Diese Handlung bildet den inhaltlichen Kern der Ramayana-Dichtung.

48 / 49 / 50 / 51 / 52

FIGURENKÖPFE ZUM RAMAYANA-EPOS / »DIE GUTEN«
»Die Guten« erscheinen aus der Sicht des Publikums von links.
Stabfiguren / Westjava / ca. 1970

47 SABRANGAN, EIN FREMDER RITTER
Schattenfigur / Zentraljava / ca. 1950

Besonders häufig bedient sich das indonesische Figurenspiel aus dem Mahabharata. Dieses umfangreiche altindische Epos bietet spannenden Stoff für die wirkungsvolle Darstellung mit Puppen: Ein schrecklicher Bruderkrieg zwischen den Mitgliedern des Pandawa-Königreiches und der Fürstenfamilie der Korawa. Die rasante Handlung der Puppen zeigt einerseits ganz irdische Szenen auf den Schlachtfeldern, kündet andererseits auch von geistigen Sphären bei Pilgerreisen, die zum Himalaya führen, dem Himmel nahe.

Diese wunderbare, magische Figurenwelt wird von einem ausgebildeten Dalang dirigiert, der als Vorführer in einem Spiel bis zu 200 Puppen zum Leben erweckt. Auch im 21. Jahrhundert fährt er noch immer spätnachts mit den Kollegen des Gamelan-Orchesters in die Dörfer, um unter freiem Himmel das vielschichtige rituelle Spiel der Schatten vorzuführen für Götter und Menschen zugleich.

Das zeitgenössische Publikum genießt dabei das Wiedersehen mit vertrauten Helden im schnellen Hin und Her von Dutzenden Figuren, die im Nu anhand von charakteristischen Nasenformen, verräterischen Augenpartien oder Details der Ornamentik zu erkennen sind. Wie bei jedem Volkstheater wohnen Kinder ganz selbstverständlich der Vorführung bei und wachsen so in die Welt der asiatischen Mystik hinein. Das junge Publikum begeistert sich bei den rasanten Kampfszenen und fühlt sich naturgemäß besonders zu den komischen Rollen hingezogen, die sich im Kontrast zu den Vornehmen des Stücks rau und derb in Szene setzen. Für alle ist jedoch eines immer klar: Wen der verehrte Dalang-Puppenspieler von rechts auftreten lässt, der gehört zu den Guten; wer von links kommt, führt Böses im Schild.

53 »EIN BÖSER«
Stabfigur / Westjava / ca. 1970

Drei Hauptrichtungen des Wayang-Figurentheaters haben sich im Laufe der Jahrhunderte herausgebildet. Pergamentierte Tierhäute waren bereits im 13. und 14. Jahrhundert das Basismaterial für eine Figurentechnik, die in der Inselwelt Indonesiens bis heute zum Bestand des Kunsthandwerks gehört: das Schattenspiel. Die im 16. Jahrhundert vor der Islamisierung flüchtende hindujavanische Oberschicht brachte das Wayang-Kulit-Schattentheater auf die Nachbarinsel Bali. Während die Formgebung der javanischen Figuren im Zuge der Verbreitung des Islam eine Veränderung erfuhr, hielt sich auf Bali im stabilem hinduistischen Umfeld bis heute das ursprüngliche Erscheinungsbild der Schattenfiguren. Eine Spielart mit zwei Seiten, denn der männliche Zuschauer erblickt die reiche, farblich akzentuierte Ornamentik auf den Lederfiguren, währenddessen die Frauen und Kinder lediglich das schwarze Schattenbild zu sehen bekommen. Dazwischen ist die Leinwand. Heutzutage kann diese Konvention zur Steigerung der Wirkung aufgehoben werden, Zuschauer wechseln die Perspektive des Davorseins und des Dahinterblickens, internationale Gäste dürfen die Handlungen des Schattenspielmeisters hinter der Schattenwand beobachten.

Nach dem 15. Jahrhundert, die islamische Religion hatte auf Sitten und Gebräuche manch einen Einfluss ausgeübt, erschien eine neue Figurentechnik auf der Spielfläche. Denn die nunmehr aus Holz gearbeiteten Wayang-Golek-Stabfiguren waren dreidimensional gestaltet. Ein hölzerner Haltestab im Kopf der Figur, im Zusammenspiel mit Führungsstäbchen, welche die Armketten der Golek-Puppen dirigierbar machen, ermöglicht ein raumgreifendes Bühnenspiel und eine noch plastischere Darstellung der in den Islam hinübergeretteten, althergebrachten hinduistischen Epen. Der unten konisch zulaufende Haltestock der Stabfiguren erlaubt das so wichtige Zuordnen des Charakters auf die entsprechende Bühnenseite. Steckt der Dalang die Golek-Puppe vor dem Auftritt links in das Mark des Bananenstammes, gehört diese zu den guten Helden, rechts werden in Reih und Glied die Bösen bereitgestellt und verraten sich zudem mit rötlichen Augenpartien.

Das kleinteilige Ausschneiden und kunstfertige Bemalen von Schattenfiguren wie auch das kostbare Schnitzwerk bei den Stabfigurenkonstruktionen bedingten bei der Herstellung die Hand erfahrener Meister. Abseits dieser Hochformen wurde deswegen auch eine »ärmere Variante« des Wayang entwickelt, einfacher in materieller Hinsicht. Als Zwischenschritt zwischen Schattentheater und dem vollplastischen Wayang Golek gelten die kunsthandwerklich gestalteten Wayang-Klitik-Figuren. Mit derartigen figürlichen Schnitzereien aus flachem Holz und mit einfacher Bemalung können Auftritte Tag und Nacht stattfinden, während die Helden, Antihelden, Bilder und Komiker des indonesischen Schattenspiels nur im Schein der Lampe auf dem Spielschirm zum Leben erwachen. Ihre Strahlkraft allerdings leuchtet noch so hell, dass Wayang Spaßmacher wie die Possenreißer Semar und Petruk mit den Fußballhelden auf den elektronischen Fernsehschirmen in javanischen Haushalten mithalten können – Fußballgötter und hinduistische Gottheiten auf Augenhöhe.

— HINWEIS FÜR LYRIKLIEBHABER:
Göttliches Schattenspiel / Wayang Lieder, Gedichte des Dalang Raden Mas Noto Soeroto, Gustav Kiepenheuer Verlag, Weimar, 1974.

54 / 55 / 56 / 57

FIGURENKÖPFE ZUM RAMAYANA-EPOS / »DIE BÖSEN«
Stabfiguren / Westjava / ca. 1970

58 PRINZ BURISRAWA
Wayang-Golek Stabfigur zum Mahabharata-Epos
Westjava / ca. 1970

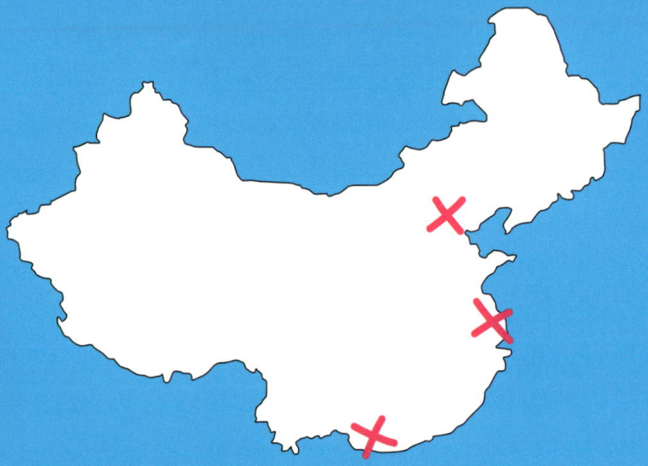

EINTAUCHEN IN FERNÖSTLICHE WELTEN

Wer eine Reise nach China unternimmt oder irgendwo auf der Welt eine Begegnung mit einer traditionellen Darstellungsform aus China hat, der könnte den berühmten Löwentanz erleben, eine akrobatisch-turbulente Darbietung von maskierten Schauspielern. Dabei bewegt ein Artist vorn eine schwere Löwenmaske, der andere hält sich an der Taille des Kollegen fest und bildet Hinterbeine und Körper des Tieres. Beide mit einem dichten Löwenfell bedeckt, vollführen sie wahrlich meisterlich die unglaublichsten Bewegungsabläufe und übertreffen – zur Verblüffung und Freude der Zuschauer – was die Tollkühnheit des Löwen angeht, bei weitem die Natur. Der weitgereiste russische Meisterpuppenspieler Sergej Obraszow (1901 – 1992) stellte bei der Beobachtung so eines Löwentanzes unter anderem fest, das Bedürfnis der Chinesen nach theatralischen Darbietungen sei so groß und organisch gewachsen wie in keinem anderen Land, das er zuvor bereist hatte.

So war auch das Puppenspiel in China äußerst beliebt zur Inszenierung von Dramen, Peking- oder Chao-Oper, Legenden, Märchen oder Tierfabeln. Alte chinesische Dokumente und eine Puppe aus der Han-Dynastie (221 v. Chr. – 206 n. Chr.), die 1979 in der Gegend um Shanghai gefunden wurde, belegen eine mehr als 2000-jährige Tradition des chinesischen Puppenspiels, wobei die Kulturrevolution (1966 – 1976) mit ihren Repressalien gegen Intellektuelle und Künstler auch einige Traditionen des chinesischen Figurentheaters im Fortbestehen bedrohte. Das Puppenspiel hat den Eingriff jedoch überstanden, und heute existieren ursprüngliche Traditionen neben umgeformten modernen Stilen mit neueren Inhalten.

60 ABT XUAN ZANG
Kopf einer Schattenfigur für den Zyklus »Die Reise nach dem Westen«
Peking / 1991

61 FRAUENFIGUR
Stangenpuppe
Chaozhou / 1993

59 LÖWENTANZ
Szene aus einer Aufführung im PuK
Fujian / 2009

Im 21. Jahrhundert sind Marionetten, kleinere Handpuppen, größere Stabfiguren sowie Schattenspielfiguren die gebräuchlichsten Formen im chinesischen Puppentheater.

Das farbige Schattenspiel, bei dem zwischen der Lampe als Lichtquelle und dem Spielschirm aus Stoff transparente Menschen- und Tierfiguren bewegt werden, ist weltweit die wohl bekannteste Puppenspieltechnik aus Fernost. Dahinter verbirgt sich eine über Jahrhunderte gewachsene Volkskunst mit Unterschieden von Provinz zu Provinz, zum Beispiel im Hinblick auf Figurengröße oder Zusammensetzung der Begleitmusik. Das Interesse der Bevölkerung wie der Kulturbehörden an der weiteren Blüte des Schattenspiels ist beileibe nicht konstant, mal werden Truppen zu repräsentativen Zwecken auf Auslandsreisen geschickt, aber es kommt auch vor, dass die Schattenspieler zu Hause weniger Publikum finden als noch vor Jahren und die Spieler dadurch ihrer Meisterschaft nur nebenberuflich dienen können. Immerhin fördert die Provinz Shaanxi die Tradition mit der Eröffnung einer Hochschule für Schattentheater und kümmert sich um die Ausbildung jüngerer Kräfte. Der Kreis Huan in der Provinz Gansu gilt mit über 47 aktiven, kleinen Schattenspieltruppen als »Heimat der Schattenpuppen«. Viele dieser Schattenspieler sind bäuerlicher Herkunft und agieren mit kleinen Schattenfiguren aus Leder oder festem Papier von circa dreißig Zentimetern Höhe. Hingegen reist das Schattentheater Tang Shan der Provinz Hebei mit großem professionellem Ensemble von bis zu zehn Personen und Figuren bis zu siebzig Zentimeter Größe und gibt Gastspiele von Frankreich bis Amerika.

Eine regionale Sonderform stellt das Thiezi Mu/ou-Theater aus der südchinesischen Stadt Chaozhou dar. Seine Besonderheit: Spezielle Gliederfiguren werden von hinten mit Stäbchen bewegt und agieren vor einem Vorhang, der – wie auch die Kostüme der Figuren – in feinster Goldstickarbeit hergestellt ist. Verborgen hinter diesem Vorhang, der gleichzeitig die Kulisse bildet, sitzen die Spieler im Schneidersitz und führen die Figuren an drei Metallstäben durch die Fransen des Vorhangs, die circa dreißig Zentimeter über dem Boden enden.

In diesem Eisenstangenpuppenspiel erlebt man all die Komponenten, die traditionelles chinesisches Puppentheater ausmachen. Farbenprächtige Figuren stellen ein musikalisches Schauspiel dar, die Bewegungsabläufe werden unterstützt durch Gesang und rhythmenreiche Volksmusik; die gespielten Dramen sind angereichert mit artistisch-pantomimischen Einlagen.

Der chinesische Löwentanz ist wiederum ein Bestandteil des Repertoires der Marionettenspieler Chinas. Als Marionette kann der tanzende Löwe, durch Fädenzüge der Schwerkraft entbunden, besonders effektvoll zu Sprüngen ansetzen und als Botschafter bodenständiger Lebensfreude dienen.

_ FILMTIPP FÜR DIE GANZE FAMILIE:
Mozart in China, Kick Film GmbH, München, 2008. Erzählt wird die Geschichte der Salzburger Kinder Danny und Li Wei und ihrer Ferienerlebnisse in China rund um die Rettung eines alten Schattentheaters.

Die Fabel »Kranich und Schildkröte«
wird als Figurenpantomime
interpretiert und propagiert
»Das Lob auf die Friedfertigen«.
Die beiden Fabelwesen sind in der chinesischen Mythologie
Symbole für langes Leben und Weisheit.

62 / 63 KRANICH UND SCHILDKRÖTE
Schattenfiguren
Peking / 1991

64 / 65 / 66 / 67 / 68 / 69 / 70 / 71 / 72

SCHATTENSPIELSZENE »NESHA WÜHLT DAS MEER AUF«
aus dem Staatlichen Schattentheater Peking
Schattenfiguren im Hebei-Stil / Peking / 1991

KRIEGER

MEERESKÖNIG

WASSERNIXEN

KARPFEN

FISCH

WASSERSCHILDKRÖTE

JUNGE NESHA

FROSCH

MARIONETTENTANZ IN MYANMAR

Das Marionettenspiel kann mit seiner durch historische schriftliche Quellen belegbaren 600-jährigen Tradition unter allen Künsten der Burmesen als die Königsdisziplin angesehen werden. Bis zum Beginn der Kolonialisierung durch das Britische Empire war die Kunst der Marionetten direkt am burmesischen Hof angesiedelt und sein künstlerischer Standard formte sich unter der großzügigen Gönnerschaft der jeweilig herrschenden Dynastien, denen es im Jahr 1776 als opportun erschien, ein königlich-burmesisches Theaterministerium zu etablieren. Die Erlasse aus diesem Ministerium trugen wesentlich dazu bei, dass auch für die Marionettenkunst des Landes ein Kanon von unverrückbaren Bestandteilen festgeschrieben wurde, der zu jeder Aufführung mit Fadenfiguren zu gehören hatte. In den Ministerialerlassen wurden die Inhalte der zu spielenden Szenen festgelegt, es gab Erläuterungen zum Umfang und zur Art des Figurenfundus, ja sogar die Kostümierung der Marionetten hatte laut dieser Weisungen mit denen der Mitglieder am Königspalast bis in kleinste Detail übereinzustimmen.

Möchte man den Stil einer birmanischen Marionettenaufführung beschreiben, trifft man mit der Kategorie »tänzerisch« den Kern, denn auf allen Ebenen der Darstellung findet sich der Tanz auf unterschiedlichste Art. Zunächst ist festzustellen, dass die gespielten Stücke entweder dramaturgisch wie ein Tanztheater aufgebaut sind, oder direkt durch den Inhalt die Aussage in das Auditorium transportieren, dass der professionelle Tanz in Myanmar neben dem Marionettentheater seinen festen Platz innehatte: tanzende Hofdamen und Pagen berichten davon. Als nächstes dann die Bewegungen der burmesischen Marionetten selbst, die in sich ganz und gar eine Choreografie tänzerischer Bewegungsabläufe nachahmen und im Gegensatz zu europäischen Marionetten weniger kleine Schauspieler, als vielmehr gleichwertige Tänzer darstellen. Und hat man schließlich die Gelegenheit über den Figuren Puppenspieler selbst bei der Arbeit zu beobachten, fällt sofort auf: Auch sie selbst vollführen den Tanz der Marionetten in tänzerischem Ausdruck mit und scheinen einer Choreografie für Marionettenspieler zu folgen. Fokussiert sich die Beobachtung auf das Spiel der Hände eines Ensembles von Männer und Frauen einer burmesischen Marionettenbühne, wird sichtbar, dass man es auch dabei mit einem Ballett zu tun hat: geübte Handreichungen beleben die Figuren, gespreizte Finger ziehen an Fäden und versierte Handhabungen führen zu einem reibungslosen Miteinander und Aneinandervorbei unten auf der Puppenebene. Technisch gesehen basieren verblüffende Bewegungen und tänzerische Imitationen der Marionetten Burmas nicht wie bei der europäischen Marionettentechnik auf der Konstruktion eines ausgeklügelten Fadenkreuzes oder besonderer Gelenkkonstruktionen der Gliederfiguren. Nein, der traditionelle burmesische Führungsbalken erweist sich als relativ schlichte Halterung mit nur fünf fest geknüpften Halteschnüren für die jeweils circa siebzig Zentimeter großen und zwei Kilogramm schweren Marionetten. Entscheidend für deren Bewegungsimpulse sind im Wesentlichen die sechs weiteren Zusatzfäden, die nicht am Führungsholz fixiert sind, aber beim Eingreifen der linken Marionettenspielerhand zum Einsatz kommen. Ziel ist es, die Marionette kunstvoll zu beseelen, und das wird sehr ernst genommen. Eine an sich künstlich gestaltete Figur ist in den Augen der Bevölkerung ein lebendiges Wesen. Sie ist zu kleiden wie ein Mensch, sie hat deutlich ausgestaltete Geschlechtsmerkmale wie dieser, ihr wird wie den Ahnen durch Opfergaben am Beginn der Aufführung gehuldigt. Und selbst nach der Aufführung ist nach überlieferter Auffassung vom Puppenmeister zu bedenken, dass Tierfiguren, die sich spinnefeind sind, nicht in einem Koffer zusammengelegt werden dürfen. Es könnte sich auch ohne Zutun der Marionettenkünstler ein Drama abspielen …

Ganz und gar asiatische Kultur ist das Rezeptionsverhalten des Publikums in Myanmar, welches einer Marionettendarbietung beiwohnt, nachdem es von einer klangvollen Ouvertüre aus Trommeln und Zimbeln herbeigerufen wurde. Diese Zuschauer, junge und ältere, kennen sich in den gezeigten Volkserzählungen aus, wie jenen der Geschichtensammlung »Jataka«, die von Buddhas Inkarnationen erzählen oder vom spannenden Aufeinandertreffen edler Menschen aus dem Prinzenstand mit den lebhaften Geisterwesen und Dämonen des Waldes.

DIE THEATERTRUPPE »HTWE OO MYANMAR«
bei ihrem Auftritt im Museum für PuppentheaterKultur / Bad Kreuznach / 2012.
Das Ensemble vereint neben dem Theaterleiterehepaar Htwe und einem 75jährigen Altmeister des burmesischen Marionettenspiels ganz bewusst auch Kräfte, die sowohl im traditionellen Tanz wie auch im Marionettenspiel ausgebildet sind.

Letztere sind die sogenannten »na's« und gehören zum überlieferten Naturglauben, der neben dem Buddhismus das geistige Leben und in der Folge das Marionettentheater bestimmt. Die Geister wollen zu Beginn der Aufführung angerufen und um eine gelungene Vorstellung gebeten werden, dann gibt die leere Puppenbühne am Aufführungsbeginn wie eine tote Welt Anlass zur Erschaffung neuen Lebens. Diese Schöpfungsgeschichte wird dann stufenweise symbolisch aufgefädelt, erst mit dem Erscheinen wilder mythischer Tiere, dann mit Zwitterwesen zwischen Tier und Mensch wie die Vogelwesen (»Garuda«), über die schon erwähnten Naturwesen bis hin zu den Menschen. Diese Abfolge, die traditionell drei Tage und Nächte lang ausgespielt wurde, ist nach Möglichkeit auch heutzutage beizubehalten, wo eine Aufführung »nur« noch von Sonnenuntergang bis Sonnenaufgang dauert oder in der komprimierten Form immer noch eine Sache von zwei Stunden darstellt. Die Zuschauer werden dem vertrauten Ablauf über weite Strecken folgen. Droht das Interesse des Publikums am Geschehen nachzulassen, sind die zum Repertoire gehörigen Trickmarionetten an der Reihe. Der mit dem Zauberstab jonglierende Magier erfordert die volle Konzentration des Spielers und zieht die Gäste vor der Bühne völlig in seinen Bann. Wer sich während der Aufführung nach zusätzlichen Genüssen sehnt, darf, ohne die Theaterkonvention zu verletzen, auch mitgebrachte Speisen und Getränke zu sich nehmen. Die Marionetten in Myanmar lassen sich von ihrem Tanz nicht aufhalten!

_ LITERATUREMPFEHLUNG:

Bruhns, Axel und Thamen, Hla: Birmanisches Marionettentheater, Berlin, 1990.

73 FLEISCHFRESSENDER WALDDÄMON (OGRI)
Figurenbildner: Aung Than Tun
Myanmar-Yangon / 2000

DAS WASSERPUPPENTHEATER

Das ferne Vietnam wartet mit einem hohen Maß an unbekannter Exotik auf. Im subtropischen Klima mit seinen häufigen Niederschlägen prägen unzählige Gewässer und oftmals Überschwemmungen das Land. Werden heutzutage Touristen zu einem großen künstlichen Bassin geführt, um dort einer Aufführung des »Vietnamesischen Wasserpuppentheaters« beizuwohnen, erleben sie Szenen aus dem bäuerlichen Alltag Vietnams, gemischt mit Mythen und Legenden seiner Bewohner, in farbenprächtiger Aufmachung auf der Wasseroberfläche.

Für die Besucher unsichtbar hinter einem stilisierten pagodenförmigen Dorfgemeindehaus verborgen, agieren Puppenspieler hüfthoch im Wasser stehend und dirigieren hölzerne Gliederfiguren an meterlangen Bambusstangen und Seilmechaniken unterhalb des Wasserspiegels. Die Darsteller sind geschnitzt aus dem in Vietnam weitverbreiteten, leichten Holz des Feigenbaumes und mittels Schichten von Harzen und Lacken wasserfest imprägniert. Viele der ausländischen Besucher eines Wassermarionettentheaters ahnen sicher nicht, dass sie lebendiger Geschichte beiwohnen, gehört doch diese Theaterform seit dem 11. Jahrhundert zu den tradierten Ausdrucksweisen des nordvietnamesischen Volkes im Roten-Fluss-Delta.

76 / 77
BAUER MIT PFLUG UND BÜFFEL
Wasserpuppen des Theaters Thang Long
Hanoi / 1970

74 ANSAGER UND SPASSMACHER CHU TEU
Wasserpuppe des Theaters Thang Long
Hanoi / 1970

75 TANZFEE
Wasserpuppe des Theaters Thang Long
Hanoi / 1970

Das Streben nach Sieg über feindliche Nachbarn, die Hoffnung auf Frieden nach vielen kriegerischen Auseinandersetzungen im Land scheinen – neben dem Element Wasser – dabei die Inhalte und Spielanlässe des Wassermarionettentheaters zu bestimmen.

Die Heldentaten des vietnamesischen Königs Le Loi, der im 15. Jahrhundert den großen Nachbarn China aus dem Land vertrieb, werden im Spiel ebenso lebendig wie auch die harte Arbeit in den Reisfeldern mit ihren Rückschlägen und Erfolgen. Bietet die Szenenfolge der Aufführungen im Wasserpuppentheater noch dazu Burleskes an, schlagen die Wellen der Begeisterung beim Publikum besonders hoch. Bei den Auftritten der vier heiligen Tiere z. B. reckt die Schildkröte den Kopf weit über den Wasserrand, ein chinesischer Lindwurm speit Feuer, und Drachen wie auch Einhörner toben ausgelassen auf dem Wasser. Für Grazie sorgt ein Feen-Ballett: Einzeln und in Gruppen vollführen sie Tänze und anmutige Bewegungen.

Kaum ein Zuschauer wird sich während der Darbietung Gedanken um Figurentechnik und technisches Arrangement hinter dem Bühnenhaus machen. Die in Gilden organisierten Puppenspieler Vietnams hüteten bei besonders gelungenen, trickreichen Puppenmechaniken das Herstellungsverfahren und Bedienungswissen sogar als Geheimnis innerhalb ihrer Truppe. Heute kann man in Erfahrung bringen, dass die lebendige Aktion auf dem Wasser auf spielerischem Umgang mit den Wasserkräften in Kombination mit dem Einsatz von Fadenzügen und Führungsstangen unter Wasser beruht. Besonders zu erwähnen ist Chu Teu, die als kräftiger Bauernbursche gestaltete Hauptfigur. Er verkörpert den lustigen Helden, ist bestens vertraut mit den Freuden und Leiden des Volkes. Den Puppenkopf drehend kann er sich seinem Publikum am Wasserrand zuwenden, bei erhobener Puppenhand zeigt sein Finger auf die Ufer rundherum und begrüßt so alle, die sich auf das Spiel und seine Späße freuen. Und schon geht es weiter, tauchen in der nächsten Nummer unter dem Vorhang der Wassermarionettenspieler plötzlich große, quicklebendige und so gar nicht hölzerne Fische auf, gefolgt von Fischern, die sie mehr oder weniger erfolgreich einzufangen versuchen.

__LITERATUREMPFEHLUNG:

Nguyen Huy Hong: Die Kunst des Wassermarionettentheaters von Thai Binh. Aus dem Vietnamesischen von Susanne Borchers, Zentralhauspublikationen, Leipzig, 1985.

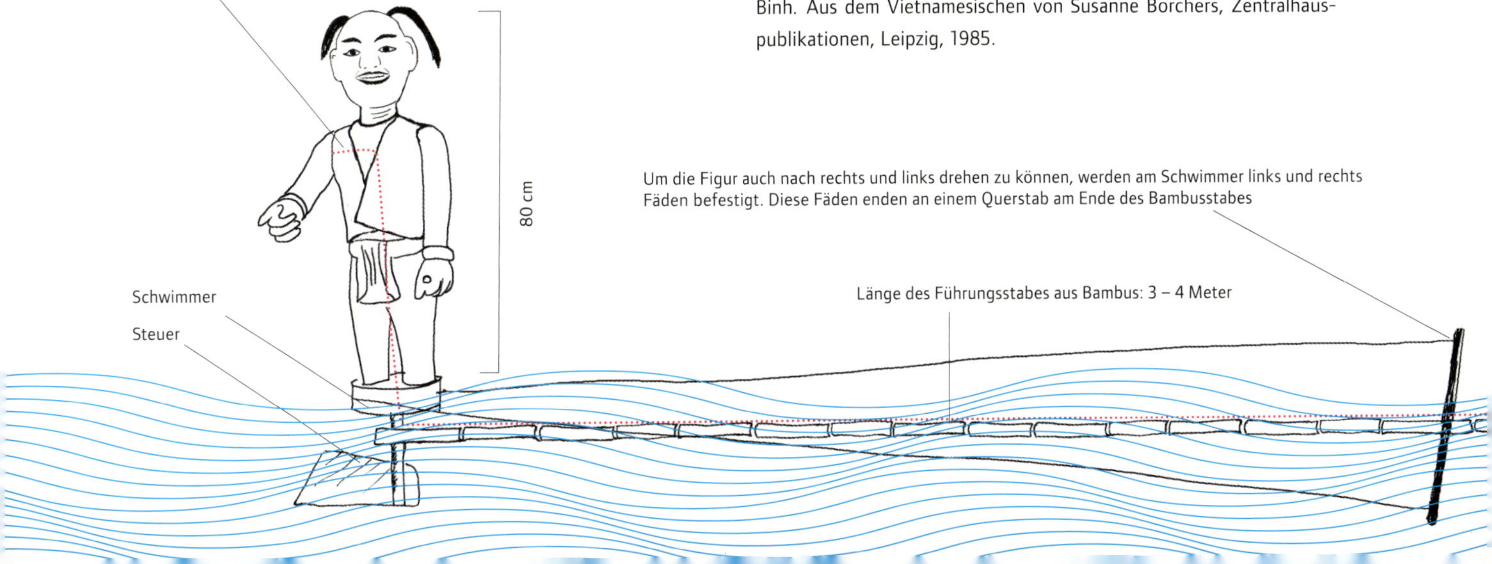
Für die Armbewegung läuft ein Faden durch die Figur hindurch und dann am Bambusstab entlang
80 cm
Um die Figur auch nach rechts und links drehen zu können, werden am Schwimmer links und rechts Fäden befestigt. Diese Fäden enden an einem Querstab am Ende des Bambusstabes
Länge des Führungsstabes aus Bambus: 3 – 4 Meter
Schwimmer
Steuer

INDISCHES HANDSCHATTENSPIEL

Mit dem Handschattenspiel besitzt Indien einen ganz besonderen Schatz. Im Gegensatz zum figürlichen indischen Schattenspiel, welches wie das indonesische Wayang mit Puppen aus pergamentierten Tierhäuten hinduistische Epen erzählt, entsteht das Handschattenspiel quasi aus dem Nichts. Dank einfachster Mittel und einer Lichtquelle kann man überraschend lebendige Bilder hervorzaubern.

Eine bestimmte Fingerstellung reicht und es entsteht ein Ohr, die Handflächen werden zu schwingenden Flügeln und ein Oberarm zu einem grazilen Schwanenhals. Ob Fuchs, Taube oder Hase, jeder hat es in der Hand. Und nun sind auch Sie aufgefordert: **Bitte mitspielen!**

78 FUCHS

79 FLIEGENDE TAUBE

WIE DER VATER SO DER SOHN: PRASANNA RAO UND PRASHANT RAO
links zeigt der Senior einen Adler, rechts lässt sein Sohn einen Hasen erscheinen

Als einer der wenigen Meister der Handschatten gilt der Inder Prasanna Rao (1919 – 2003), der seine musische Grundausbildung beim indischen Literaturnobelpreisträger Rabindranath Tagore erhielt. Dass er seine Karriere als Leibschattenspieler des Maharadschas von Jaipur begonnen hat, ist leider nur eine schöne Legende. Wahr ist aber, dass er Tiermärchen so verblüffend echt bebildern konnte, dass die Zuschauer glaubhaft Vögel flattern sahen und meinten, der Hase auf der weißen Wand habe während der Darbietung Haken geschlagen. Seine Kunst der schwarzen Schatten hat Prasanna Rao in die Hände seines Sohn Prashant Rao weitergegeben.

80 SCHWAN

Schwerpunkt
Vom Holzklotz zum Holzkopf
Guckkasten
Rahmen
Marionette
Stab

GUIGNOL PRÉSENTE

une petite visite du Musée PuppentheaterKultur

À l'entrée:
Kasper et ses plus proches parents européens (l'Anglais Punch, le Français Guignol, l'Italien Pulcinella, le Tchèque Kašpárek, le Russe Petruschka et Kasperl Larifari de Munich) vous accueillent au nom de la plus ancienne association internationale de théâtre UNIMA (Union Internationale de la Marionnette).

Le foyer bas et haut:
Le monde du marionnettisme PuK
En Asie, on y rencontre différentes traditions: Etant donné qu'en Chine, le marionnettisme a servi de tout temps de divertissement, en Indonésie, il est toujours relié au culte. En jouant, le marionnettiste assume le rôle d'un prêtre priant pour le bonheur des spectateurs. Les epopées différentes présentent toujours la lutte entre le bien et le mal. Les méchants se font reconnaître par leurs yeux / visages rouges.
Avec les objets du théâtre indonésien Wayang, du Bunraku japonais (qui existe depuis le 17e siècle) et du théâtre d'ombres du Cambodge le PuK présente des figures portant le titre de l'UNESCO »Patrimoine Culturel Immatériel de l'Humanité« ainsi que les chevaliers de »l'Opéra dei Pupi« italienne. Ces contes de la période du romantisme où les vaillants chevaliers chrétiens triomphent sur les Maures, sont toujours mis en scène en Sicilie avec les marionnettes à tige de fer. Un tel Sicilien pèse 5 – 6 kg!
En Tchéquie, véritablement le pays de la marionette, artistes et amateurs utilisent la même technique de tige fixée dans la tête.

Le hall d'exposition:
PuppentheaterKultur en Allemagne
La Collection Rother de la Rhénanie-Palatinat et les autres pièces d'exposition du Musée témoignent de l'évolution du théâtre de marionnettes allemand d'un divertissement du peuple à la naissance d'un véritable art dramatique au 20e siècle. Voici l'histoire et les historiettes du théâtre de marionnettes de 1900 à notre époque.
L'entrée du hall est constituée par des vitrines qui hébergent les cinq techniques de jeux classiques (la marionnette à gaine, la marionnette à fil, la marionnette à tige, la marotte, l'ombre chinoise).
La période des artistes ambulants est documentée par le département théâtre sortant d'une valise. Dans leurs valises les joueurs apportaient le monde entier à leur public. Ils montaient leurs scènes sur les foires en jouant avec des grandes marionnettes à gaine des scènes oralement transmises: une présentation très populaire.
Par contre, les théâtres de marionnettes à fil donnaient leurs représentations aux auberges; ils jouaient d'après des manuscrits. La plus vieille marionnette du PuK, la »Jodlerin« (la yodleuse) est âgée de plus de 100 ans (1905). Elle vient de la famille de marionnettistes Apel de Saxe et peut bouger ses yeux et sa bouche. Sûrement elle était l'attraction pour le public au début du 20e siècle.
En 1900 furent construits la résidence actuelle du PuK ainsi que le premier bâtiment de théâtre de marionnettes à Munich où Kasper Larifari s'installait à demeure (Blumenstraße / rue des Fleurs) et apparaissait dans les pièces du Comte Pocci. Les quatre marionnettistes célèbres Walter Büttner, Max Jacob, Carl et Henriette Schröder ont beaucoup voyagé. Leur vie témoigne des possibilités de leur développement artistique.

Toujours »encadré«
Même jusqu'aux années 50, le castelet »der Guckkasten« resta l'espace scénique obligatoire de toutes les formes et techniques marionnettiques. Un exemple particulièrement esthétique du théâtre »encadré « sont les scènes, imprimées sur carton, du théâtre de papier. Ces charmantes figurines imprimées sont le produit de l'époque Biedermeier (style Louis-Philippe).

Le ciel du marionnettiste
Les mystères religieux ainsi que les spectacles de la Nativité comptent parmi les racines du théâtre de marionnettes. Il mettait en scène les profondeurs de l'enfer qui menaçaient ceux qui s'écartaient du droit chemin – comme le Dr Faust – mais il promettait le ciel à ceux qui vivaient dans la grâce de Dieu. »Himmelreicher« (maître du ciel et de l'enfer) était le terme utilisé pour un marionnettiste, surtout dans le sud de l'Allemagne.

Du bloc de bois à la tête en bois
Dans l'atelier reconstruit ici, Till de Kock a sculpté et tourné en bois de tilleul une grande quantité de têtes de marionnettes pour presque tous les théâtres allemands renommés. Dans cette exposition, 76 sculptures en bois témoignent de la diversité du grand maître.

Le centre de gravité de la marionnette
Inspiré par l'essai de Kleist »Tout sur le théâtre de marionnettes«, Fritz Herbert Bross a déplacé le centre de gravité dans le bassin (alourdi avec du plomb) et ainsi rendu possible les mouvements élégants et contrôlés de la marionnette. Prof. Albrecht Roser, un marionnettiste versé, élève de Bross, arrivait à captiver son public aussi bien avec une marionnette complexe, comme la cigogne à 18 fils, qu'avec un bout de chiffon attaché à 4 fils. Les deux techniques sont exposées ici.

Les nouveaux chemins du marionnettisme
À partir des années 60 du 20ème siècle, les marionnettistes découvrent de nouvelles formes, et les perfectionnent. La marionnette manipulée à vue fait son apparition. Le (ou la) marionnettiste rend le procédé scénique perceptible, en restant visible lui-même. Parfois il endosse un rôle, entre en dialogue avec la marionnette qu'il manipule, et crée ainsi une illusion particulière. Les marionnettes sur table (Tischfiguren) sont très adaptée à cette nouvelle façon de jouer, comme par exemple dans les pièces présentées »La bataille« et »La vie de Tomanis«.

Stand d'info: La Marionnette en Rhénanie-Palatinat. Vous pouvez obtenir ici des informations actuelles sur les théâtre de marionnettes dans la région.

La marionnette à la télé
Friedrich Arndt du théâtre Hohnstein est un pionnier du jeu de marionnettes télévisé (»Kasper et René«). Plus tard, on a créé des pièces de marionnettes spécialement pour la télévision. Les plus célèbres sont les productions de l'Augsburger Puppenkiste (Le Coffre à Marionnettes) et le film »Robbi, Tobbi et le Fliewatüüt« avec les marionnettes d'Albrecht Roser: »Nessie«, avec ses 4,05 m, est la plus grande marionnette du Musée, et »Polly Mac Mouse«, avec 6,5 cm, la plus petite.

L'atelier:
Dans l'atelier Hans-Jürgen Fettig montre les étapes de construction du matériel de base, p. ex. une simple bouteille de lait, jusqu'à la figure finie: voici l'unique Miss Marple. Ici vous pourrez trouver des idées pour stimuler votre propre créativité: Allez-y – composez des masques!
La salle de théâtre:
Lorsqu'il n'y a pas de représentation, c'est votre salle de jeux. Essayez-vous! Les jours de festivals et les dimanches de représentations, la salle appartient aux professionnels.
Le dépôt:
Ici se trouvent environ 1600 pièces d'exposition provenant soit de la Collection Rother, soit de celle du Musée PuK qui augmente continuellement. La bibliothèque renferme littérature spécialisée et média.

VOTRE ATTENTION S.V.P.:
Ce bonnet rouge vous mène aux stations ludiques du Musée. Un parcours de 25 postes vous invite: **FAITES-LE VOUS-MÊME!** Appuyez sur un bouton – et retrouvez les héros d'enfance sous une autre lumière. Un escalier vous permet de jeter un regard derrière les coulisses. Alors, **c'est à vous à tirer les fils.** Votre photo avec l'une ou l'autre star de la télévision restera, nous l'espérons, un souvenir touchant. Le bonnet de Kasper vous montre le chemin …
À PROPOS: Veuillez ne pas toucher les autres objets sans bonnet rouge. Merci!

Traduction: Muriel Camus

MR PUNCH PRESENTS

a short tour through the Museum PuppentheaterKultur

Entrance area:
On behalf of the Union Internationale de la Marionnette (UNIMA), the oldest theatre association in the world, Kasper and his European relatives:Punch (GB), Guignol (F), Pulcinella (I), Kašpárek (Czech Republic), Petrushka (Russia) and last, but not least Kasperl Larifari from Munich, would like to welcome you.

Upper and lower foyer:
Puppetry worldwide
Traditions vary considerably in different parts of Asia. Whilst in China puppetry has been a form of pure entertainment from early times, in Indonesia it has always been practiced in a cultic context. The puppeteer takes on the role of a priest during the play and seeks blessings for the audience. The battle between good and evil is at the heart of various heroic tales and the evil characters feature red faces or red eyes.
From the Indonesian Wayang, to the sophisticated Japanese Bunraku (from the 17th century) to the shadow puppets from Cambodia, the PuK houses puppets that are considered to be world cultural heritage. Another masterpiece of world heritage, recognised by UNESCO, is the Sicilian 'Opera dei Pupi'.
The subject matter of the 'Opera dei Pupi' originates from the romantic era. In these puppet plays, which are still performed today, Christian knights battle against the Moors and always emerge victorious. Such a knight puppet from Italy weighs between 5 and 6 kg and is operated by rods instead of strings. The same technique (a wire rod in the puppet head) is also quite common with artists and amateur puppeteers in the Czech Republic, which is considered to be the country of puppetry par excellence.

Exhibition Hall:
Puppetry in Germany
The Rother Collection of Rhineland-Palatinate and other exhibits of the museum document the development of the German puppet theatre: originally a form of public entertainment, it grew into an independent artform and form of theatre of the 20th century. At the entrance to the hall, showcases display the five classical playing techniques in Germany (glove puppet, marionette, rod puppet, stick puppet and shadows).
The section »Theatre out of a suitcase« documents the era of the travelling puppeteers, who carried the world to the local people in their suitcases. Puppeteers set up small stages at local fairs. With their large glove puppets, they performed scenes passed down in oral tradition: the scenes always realistic and depicting daily life.
Marionettists, in contrast, performed in halls of taverns. They enacted their shows from handwritten books and also ensured regular school attendance for their children.
One of the oldest puppet figures in the PuK Museum, the »lady yodel«, is more than 100 years old (dating from 1905). It originated from the Saxon family of marionette players Apel. Its eyes and mouth can be moved. Surely, it was a great attraction for the public during the days of the German Empire.

The first permanent theatre building for puppetry was erected in Munich in 1900. The very same year saw the completion of the building which now houses our museum. Munich's Blumenstraße became Kasperl Larifari's permanent home, and he amused himself in the plays written by Count Pocci.
Walter Buettner, Max Jacob, Carl and Henriette Schroeder were masters among the widely travelling puppet players. Their life and work also reflect the development of puppetry into an artistic form.

Within a frame
Up to the late 1950s the small framed stage was typical for all types of puppet theatre performances. A particularly beautiful example of a framed stage are the printed proscenia for the paper theatre. The corresponding printed paper figures originate from the period of Biedermeier.

Puppet player's heaven
Puppetry also has its roots in religious mysteries and nativity plays. These performances visualised how the gates of hell would wait for those who went astray, as in the play of Doctor Faust, and how one would find the Kingdom of Heaven by following a path agreeable to God. 'Himmelreicher' was a typical term for puppeteers, especially in the South.

From wooden blocks to wooden heads
In this original workshop of Till de Kock's carved or shaped countless puppet heads from lime wood for almost all the renowned German puppet theatres. 76 wooden figures in our exhibiton are proof of his versatility.

Marionettes and leaden weights
Following the advice of Heinrich von Kleist's script 'On the Marionette Theatre', Fritz Herbert Bross changed the centre of gravity of the marionette by placing a leaden weight within the figure's pelvis, thus creating a fully controllable yet elegant movement of the puppet. A skilled marionette player, such as Professor Albrecht Roser, a student of Bross, was able to charm his audience with a sophisticated stork puppet (18 strings) as well as with a simple cloth marionette with 4 strings. Both puppets are exhibited here.

New forms of puppetry
During the 1960s male and female players discovered new puppetry subject matters, and developed a new form, the so-called 'overt puppetry'. The puppeteer no longer stayed behind the scenes, but appeared in front of the audience, took part in the performance, and entered into dialogue with his puppet, thus creating a very vivid illusion. Table top puppets which are exhibited here for 'Die Schlacht' ('The Battle') or 'Das Leben des Tomanis' ('The Life of Tomanis') are very well suited for this new form of puppetry.

Information corner puppetry in Rhineland-Palatinate: Further information on puppet theatre in our region can be found here.

Puppets in motion – film and movies
The pioneer of the television puppet shows was Friedrich Arndt. He belonged to the puppeteer group 'Hohnsteiner' ('Kasper and René'). Later on, puppet shows were created specifically for television. The best known are 'Die Augsburger Puppenkiste' and 'Robbi, Tobbi und das Fliewatüüt', featuring puppets by Albrecht Roser. Part of this collection are 'Nessie' (4,05 m), the largest puppet in the museum as well as 'Polly MacMouse' (6,5 cm), the smallest of our puppets.

The workshop close to the auditorium:
You may wander inside Hans Jürgen Fettig's own workshop and see how something as basic as a milk bottle can be transformed into a puppet, e.g. the one-of-a-kind Miss Marple. Here you can also find inspiration for your own creativity in assembling eyes, noses etc. to faces.
Auditorium:
When no performance is scheduled, visitors can use the space for their own impromptu puppet plays. However, on 'theatre sundays' and during festivals this hall belongs to the professionals.
Store room:
The store room houses approximately 1,600 further puppets from the Rother collection as well as more exhibits from the growing collection of the PuK Museum. The library houses the scientific collection of specialist literature and media.

ATTENTION:
The pointy cap symbols highlight the 25 exhibits where visitors are encouraged **TO GET HANDS-ON**: for instance, old friends from childhood times appear in a new light by pressing a button, a staircase invites you to look behind the scenes or **you are invited to pull the strings**. You can also have a souvenir photo taken with one of the earlier TV stars. The symbol of Kasper's cap shows you the way…
BY THE WAY: Please be careful not to touch exhibits that do not feature this symbol. Thank you very much.

Translation: Simone Schneider, Sophia Simon

HANSWURST PRÄSENTIERT

einen kurzen Rundgang durch das Museum für PuppentheaterKultur

Eingangsbereich:
Im Namen der Union Internationale de la Marionnette (UNIMA), der ältesten Theatervereinigung der Welt, grüßen Kasper und seine europäischen Verwandten: Punch (GB), Guignol (F), Pulcinella (I) und Kašpárek (CZ), Petruschka (Russland) und schließlich Kasperl Larifari aus München.

Unteres und oberes Foyer:
Die Welt der PuppentheaterKultur
Ganz unterschiedliche Traditionen gibt es in Asien. Während in China schon sehr früh zur Unterhaltung gespielt wurde, ist in Indonesien das Puppentheater auch heute noch eine kultische Handlung. Der Spieler wird im Spiel zum Priester und erbittet den Segen für die Zuschauer. In verschiedenen Epen geht es immer um den Kampf zwischen Gut und Böse, und die Bösen geben sich zu erkennen durch ihre roten Gesichter oder Augen.
Mit dem indonesischen Wayang, dem kunstvollen Bunraku-Spiel der Japaner (existent seit dem 17. Jahrhundert) und dem Schattenspiel Kambodschas beherbergt das PuK Figuren, die den Titel WELTKULTURERBE tragen. Die UNESCO zählt auch die »Opera dei Pupi« dazu. 5–6 kg wiegt solch ein sizilianischer Ritter aus Italien. In der Zeit der Romantik entstanden die Rittergeschichten, in denen tapfere christliche Ritter aus Kämpfen gegen die Mauren siegreich hervorgehen. Noch heute ist die »Opera dei Pupi« mit ihren Stangenmarionetten auf Sizilien lebendig. Die gleiche Spieltechnik (Draht im Kopf) ist auch bei Künstlern und Laienspielern in Tschechien verbreitet, dem Land des Puppenspiels schlechthin.

Ausstellungshalle:
PuppentheaterKultur in Deutschland
Die Landessammlung Rother und weitere Exponate des Museums zeigen die Entwicklung des deutschen Puppentheaters von der Volksbelustigung hin zu einer eigenständigen Kunst- und Theaterform des 20. Jahrhunderts – also Geschichte und Geschichten von 1900 bis zur Gegenwart.
Das Entrée zur Halle bilden Vitrinen mit den fünf klassischen Spieltechniken in Deutschland (Handpuppe, Marionette, Stabfigur, Stockpuppe, Schattenspiel).
Die Zeit des fahrenden Volks dokumentiert die Abteilung Theater aus dem Koffer. In ihren Koffern brachten die Puppenspieler die Welt zum Publikum. Handpuppenspieler bauten ihre Bühne auf Jahrmärkten auf; mit großen Handpuppen zeigten sie dort ihre mündlich überlieferten Szenen: handfest und ganz nah am Volk. Marionettentheater hingegen gastierten in Wirtshaussälen. Sie spielten nach handgeschriebenen Textbüchern und achteten auf den regelmäßigen Schulbesuch ihrer Kinder.
Eine der ältesten Figuren im PuK, die »Jodlerin«, ist über 100 Jahre alt (1905) und stammt von der sächsischen Marionettenspielerfamilie Apel. Sie kann Augen und Mund bewegen und war für das Publikum der Kaiserzeit sicher eine Attraktion.
Das erste, für Puppen errichtete, feste Theatergebäude entstand in München im Jahr 1900, im selben Jahr, in dem das Gebäude fertiggestellt wurde, in dem jetzt das PuK residiert. In der Blumenstraße in München fand Kasperl Larifari sein festes Zuhause und tummelte sich fortan in den Stücken von Graf Pocci.
Weit gereist sind die vier meisterhaften Puppenspieler Walter Büttner, Max Jacob und Carl und Henriette Schröder. Ihre Lebensläufe zeigen zudem die Entwicklung zum künstlerischen Puppenspiel.

Alles im Rahmen
Noch bis weit in die 1950er Jahre für alle Formen und Richtungen des Puppentheaters verbindlich war der Guckkasten als Ort des theatralischen Geschehens. Ein besonders ästhetisches Beispiel für das Puppentheater im Rahmen sind die gedruckten Proszenien für Papiertheater. Die bunten Figurenbögen hierzu sind ein liebenswertes Produkt der Biedermeierzeit.

Puppenspielers Himmelreich
Kirchliche Mysterien- und Krippenspiele bilden eine der Wurzeln des Puppenspiels. Sie führen den Menschen vor Augen, es drohe ihnen der Höllenschlund, kämen sie vom rechten Wege ab – so im Puppenspiel vom Dr. Faust –, sie aber das Himmelreich erben, so sie gottgefällig leben. »Himmelreicher« war, vor allem im Süden, eine verbreitete Bezeichnung für Puppenspieler.

Vom Holzklotz zum Holzkopf
In der hier wieder aufgebauten Werkstatt hat Till de Kock unzählige Puppenköpfe aus Lindenholz für fast alle namhaften deutschen Bühnen geschnitzt oder gedrechselt. In der Exposition zeugen 76 Holzfiguren von der Vielseitigkeit des Meisters.

Schwerpunkt Marionette
Ausgehend von der Kleist'schen Schrift »Über das Marionettentheater« hat Fritz Herbert Bross den Schwerpunkt der Marionette (mit Blei beschwert) ins Becken verlegt und so der Marionette elegante, stets kontrollierbare Bewegungsabläufe beschert. Ein versierter Marionettenspieler wie der Bross-Schüler Albrecht Roser vermochte das Publikum mit einer komplex aufgebauten Storchfigur (18 Fäden) ebenso wie mit der Tüchermarionette an nur 4 Fäden zu verzaubern. Beide Puppen sind ausgestellt.

Neue Wege im Puppenspiel
In den 1960er Jahren entdeckten Puppenspielerinnen und Puppenspieler moderne Spielstoffe und entwickelten eine neue Form: die »Offene Spielweise«. Der Künstler macht den Vorgang der Puppenführung sichtbar, ist selbst als Darsteller zu sehen und schlüpft zeitweise sogar in eine Rolle, tritt in Dialog mit der von ihm geführten Puppe und schafft so eine ganz eigene Illusion. Tischfiguren wie die der gezeigten Stücke »Die Schlacht« oder »Das Leben der Tomanis« eignen sich besonders für die neue Spielweise. Infoecke: PuppentheaterKultur in Rheinland-Pfalz. Hier erhält man Informationen zum Wo/Wann/Wer und Was in der Region.

Bewegte Puppen – bewegte Bilder
Als Pionier des Fernsehpuppenspiels gilt der Hohnsteiner Friedrich Arndt (»Kasper und René«). Später wurden Puppenspiele eigens für das Fernsehen inszeniert – am bekanntesten sicherlich »Die Augsburger Puppenkiste« und »Robbi, Tobbi und das Fliewatüüt« mit Puppen von Albrecht Roser. Zu diesem Satz gehören die größte, »Nessie« (4,05 m), und die kleinste Figur im PuK, die Maus »Polly MacMouse« (6,5 cm).

Werkraum:
Einen Blick in seine eigene Werkstatt erlaubt Hans Jürgen Fettig und macht den Weg von simpelstem Grundmaterial wie einer Milchflasche zur fertigen Figur sichtbar, wie z. B. bei der unvergleichlichen Miss Marple. Hier kann man auch Anregungen für eigenes kreatives Tun finden und Maskengesichter zusammenstellen.
Museumstheater:
An vorstellungsfreien Tagen ist hier der Ort für die »Probierstationen« zum Selberspielen. An Theatersonntagen und bei Festivals gehört der Bühnenraum den Puppenspielprofis.
Depot:
Im Depot befinden sich noch ca. 1600 weitere Figuren aus der Landessammlung Rother sowie Exponate der ständig wachsenden hauseigenen PuK-Sammlung. Die Bibliothek beherbergt die wissenschaftliche Sammlung mit Fachliteratur und -medien.

AUFGEPASST:
Diese Zipfelmützen sind der rote Faden beim spielerischen Rundgang durch die Ausstellung. An rund 25 Positionen ist etwas zum **SELBER-TUN** vorbereitet worden. Beispielsweise erscheinen alte Bekannte aus Kindertagen per Knopfdruck in einem neuen Licht, eine Treppe lockt zum Blick hinter die Kulissen oder es heißt **ausdrücklich Fäden ziehen erwünscht.** Auch ein Erinnerungsfoto mit dem ein oder anderen früheren Fernsehstar darf zu einem berührenden Erlebnis werden. Das Signet von Kaspers Mütze weist den Weg …
ÜBRIGENS: Alle derart nicht gekennzeichneten Theatralia in der Ausstellung möchten hingegen nicht berührt werden.

Text: Sunhild Eigemann, Markus Dorner

KURZER RUNDGANG DURCH DAS MUSEUM FÜR PUPPENTHEATER KULTUR

A SHORT TOUR THROUGH THE MUSEUM PUPPENTHEATER-KULTUR

UNE PETITE VISITE DU MUSÉE PUPPENTHEATER-KULTUR

DIE SONDERAUSSTELLUNGEN UND FESTIVALS IM MUSEUM FÜR PUPPENTHEATERKULTUR

2005 bis 2013

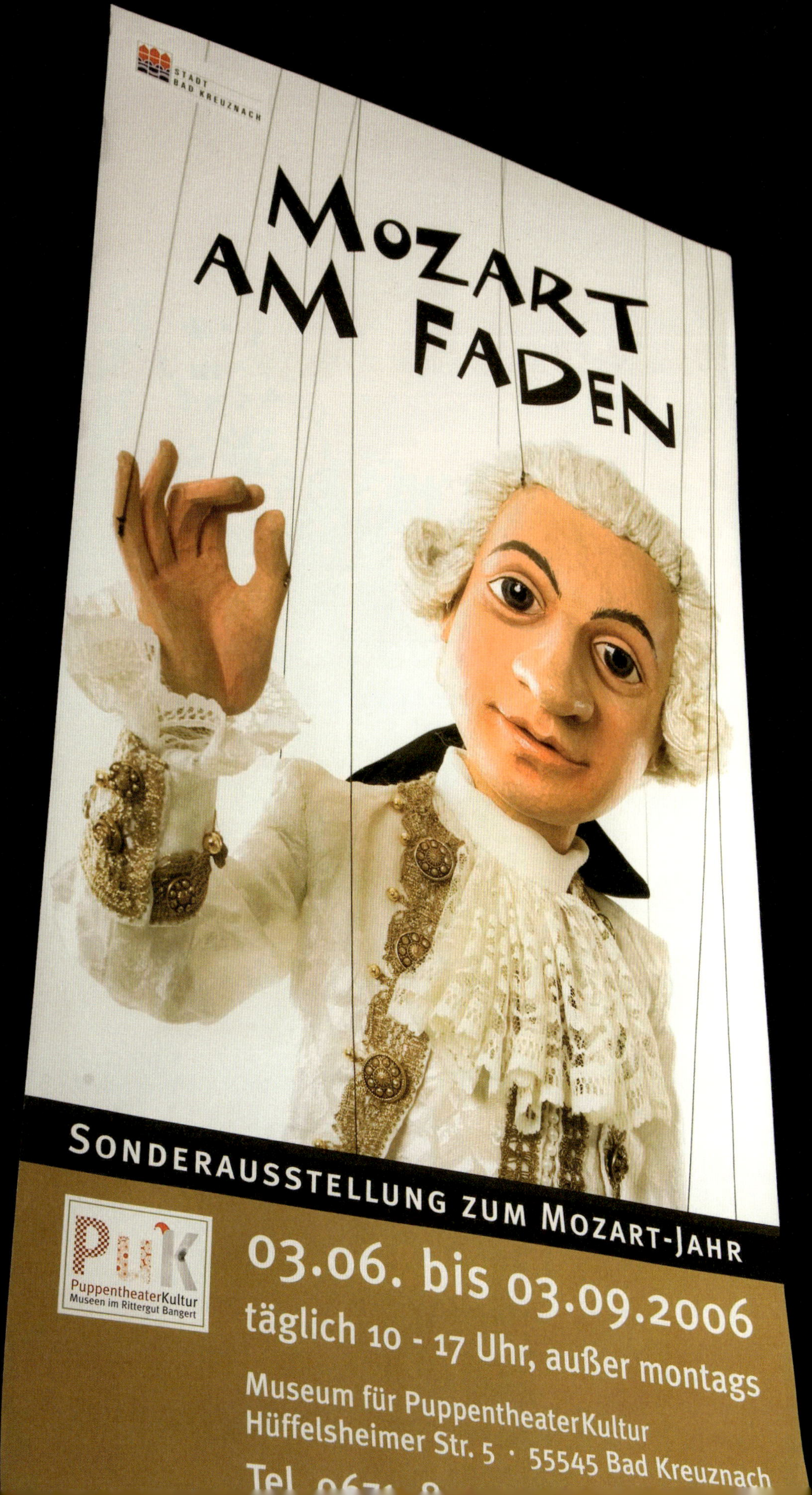
STADT BAD KREUZNACH
MOZART AM FADEN
SONDERAUSSTELLUNG ZUM MOZART-JAHR
PuK
PuppentheaterKultur
Museen im Rittergut Bangert
03.06. bis 03.09.2006
täglich 10 - 17 Uhr, außer montags
Museum für PuppentheaterKultur
Hüffelsheimer Str. 5 · 55545 Bad Kreuznach

SONDERAUSSTELLUNGEN

2005	Eröffnung der Dauerausstellung zum Thema »PuppentheaterKultur in Deutschland – Geschichte und Geschichten von 1900 bis zur Gegenwart«
2006	»Mozart am Faden« – Ein Beitrag zum Mozartjahr
2006	»Märchenwelten – Matthias Kuchta und seine Märchengestalten«
2007	»Die Lebenswelt der Astrid Lindgren – 100 Puppen gratulieren«
2007	»Werkstattphantasie – Bühnenmagie – 55 Jahre Puppenspieler Albrecht Roser« Eine Ausstellung zum Lebenswerk des Künstlers
2008	»Prager Marionetten – Böhmisches Puppenspiel«
2008	»Zwei Puppenspielerleben: Kurt und Toni Seiler – Ein Künstlerberuf im Wandel der Zeit«
2009	»60 Jahre Augsburger Puppenkiste: Jim Knopf, Kater Mikesch und Bill Bo« Jubiläumsausstellung
2009	»In 80 Briefmarken um die Welt des Puppentheaters« Foyerausstellung
2010	»Sonne, Mond und Sterne – Eine Theaterausstellung für die ganze Familie«
2010	»Bross 100 – Einhundert Figuren aus Meisterhand« Gedächtnisausstellung zum 100. Geburtstag des Figurengestalters Fritz Herbert Bross
2011	»Cornelia Funkes Figuren – Vom Buch zur Bühne«
2012	»EIN MEE(HR) AN PUPPEN – Einblicke in die Depotbestände des PuK mit der Landessammlung Rother«
2012	»Thalias Kompagnons – Zwischen Küchentisch und Staatstheater«
2013	»Otfried Preußlers Geschöpfe – Vom Buch zur Bühne«

PRAGER MARIONETTEN-THEATER

THALIAS KOMPAGNONS

LINDGREN

ALBRECHT ROSER

MARIONETTISSSIMO

FESTIVALS

2004 Festival »marionettissimo« (1)
Einführung in das Theater mit Marionetten

2005 »PuK-Festival der PuppentheaterKultur«
Zeitgenössisches Figurentheater für Große und Kleine

2006 Festival »marionettissimo« (2)
Die Kunst des Spiels am Faden

2007 »Festival PuppentheaterKultur International«
PuppenspielkünstlerInnen aus 7 Ländern zu Gast im PuK

2008 Festival »marionettissimo« (3)
Die Kunst des Spiels am Faden: gestern – heute – morgen

2009 »FigurentheaterFestival nach Noten«
Musikalische Inszenierungen

2010 Festival »marionettissimo« (4)
Die Kunst des Spiels am Faden

2011 »Pinocchio & Co«
Italo-vieles FigurentheaterFestival

2012 Festival »marionettissimo« (5)
Über das Marionettentheater

2013 »FigurentheaterFestival Berliner Luft«
Puppenspielkunst aus der Metropole

THEATER AUF DER ZITADELLE

PAVEL MÖLLER-LÜCK

MARGRIT GYSIN

TEATRO DEI PIEDI

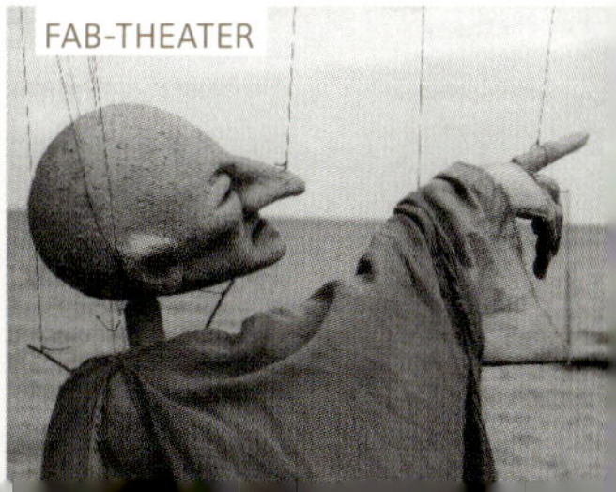
FAB-THEATER

Impressum:

Herausgegeben von der Stadt Bad Kreuznach

STADT
BAD KREUZNACH

im Verlag Puppen & Masken, Frankfurt am Main

Museum für PuppentheaterKultur
Hüffelsheimer Str. 5
D–55545 Bad Kreuznach
www.stadt-bad-kreuznach.de/puk

Verlag Puppen & Masken
Wilfried Nold
Eppsteiner Str. 22
D–60323 Frankfurt am Main
www.puppenundmasken.de

Texte und Bildredaktion: Markus Dorner
Lektorat: Andrea Manz
Grafische Konzeption und Gestaltung: Annette Schneider / design.buero.schneider

Fotonachweis:
Bauer, Erich: S. 26 oben
Hobbach, Max (FSJ-Kultur): S. 26 unten, S. 58, S. 61 oben, S. 64 rechts, Kurzführer
Höfer, Ingrid: S. 51, S. 53
Jablonka, Reinhard: S. 83 rechts
Kind, Gerhard: S. 12, S. 15 links unten, S. 25, S. 32 – 36, S. 44 unten, S. 50 links, S. 56, S. 59 oben, S. 60, S. 61 unten, S. 64 links, S. 65 – 70, S. 72, S. 73, S. 77, S. 78 rechts, S. 79 oben, S. 80, S. 83 oben, S. 84, S. 85
Kneip, Peter: S. 14 links unten
Mauritz, Wolfgang: S. 14 Mitte unten
Mittler, Isabel: S. 14 rechts unten
Pelka, Kai: S. 7, S. 14 oben, S. 15 oben, S. 16, S. 19, S. 21 oben, S. 31, S. 39, S. 41, S. 46, S. 48, S. 55, S. 88
Piel, Herbert: S. 37 oben, S. 79 unten
Schneider, Annette: S. 52, S. 78 links
Schörner, Klaus: S. 74 – 76
Schröder, Carl: S. 47
Seeber, Manuela: S. 50 Mitte
© Albo-Fotolia.com: S. 68
Titelbild unter Verwendung von Fotos von Max Hobbach, Gerhard Kind und Kai Pelka
sowie © clearviewstock-Fotolia.com.
Hier nicht zugeordnete Aufnahmen stammen aus dem Archiv des Museums für PuppentheaterKultur
oder sind Werbefotos der genannten Figurentheater.

Wertvolle Hinweise verdankt der Autor:
Dr. Olaf Bernstengel, Ingrid Bertleff, Franziska Blum-Gabelmann, Dr. Hedwig Brüchert, Eleen Dorner, Bettina Eckes, Martin Faller, Prof. Dr. Jürgen Hardeck, Ingrid Höfer, Prof. Dr. Gerd Kaminski, Frauke Kemmerling, Jürgen Maaßen, Dr. Klaus Schörner, Luise Thomae

Bibliografische Information der Deutschen Nationalbibliothek:
Die Deutsche Nationalbibliothek verzeichnet diese Publikation in der Deutschen Nationalbibliografie.
Detaillierte bibliografische Daten sind im Internet über http://dnb.ddb.de abrufbar.
ISBN: 978-3-9350-11-84-6

Das Land Rheinland-Pfalz stellt der Stadt Bad Kreuznach die »Landessammlung Rother« als Dauerleihgabe zur Verfügung.
Eine Vielzahl der ausgestellten Exponate wurde mit Unterstützung der »Stiftung Rheinland-Pfalz für Kultur« erworben.

Druck: PRINZ DRUCK Print Media GmbH & Co KG, Idar-Oberstein
Herstellung: Buchbinderei Schaumann, Darmstadt
Auflage: 1100 Stück

MIX
Papier aus verantwortungsvollen Quellen
FSC
www.fsc.org
FSC® C100129